Der menschliche Körper

Die Deutsche Bibliothek – CIP-Einheitsaufnahme

Ein Titeldatensatz für diese Publikation ist bei
Der Deutschen Bibliothek erhältlich

1 2 3   04 03 02

Text: Steve Parker
Grafik: Susanna Addario; Sam Burgess; Dr Levent Efe/CMI;
Christer Eriksson; John Foerster/Foerster Illustration, Inc;
Chris Forsey; Adam Hook/Bernard Thornton Artists, UK;
Janet Jones; R. Spencer Phippen; Trevor Ruth; Christine Shafner/
K. E. Sweeney Illustration; Kate Sweeney/K. E. Sweeney Illustration;
Rod Westblade; Steve Weston/Linden Artists

Lizenzausgabe für den Ravensburger Buchverlag
Otto Maier GmbH
© 2002 Ravensburger Buchverlag Otto Maier GmbH
Alle Rechte, auch die des auszugsweisen Nachdrucks,
der fotomechanischen Wiedergabe
und der Übersetzung, vorbehalten

Rechte der Originalausgabe:
Weldon Owen Pty Limited
Titel der Originalausgabe: The Human Body
© Weldon Owen Pty Limited
© der deutschen Originalausgabe bei
Der Club – RM Buch und Medien Vertrieb GmbH
und der angeschlossenen Buchgemeinschaften

Übersetzung aus dem Englischen und deutsche Bearbeitung:
Hans Peter Thiel/Marcus Würmli
Redaktion: Maike Dreyer
Umschlaggestaltung: vitamin_Be
Printed in Germany
ISBN 3-473-35951-3

www.ravensburger.de

Der menschliche Körper

Ravensburger Buchverlag

Inhalt

• EINFÜHRUNG •

Anfänge der Medizin	6
Moderne Medizin	8
Zellbausteine	10
Die wichtigsten Organsysteme	11

• LEBENSWICHTIGE SYSTEME •

Der Motor	16
Transport und Verteilung	18
Tief durchatmen!	20
Mund auf!	22
Im Verdauungstrakt	24
Aufspalten und Ausscheiden	26

• HALT UND STÜTZE •

Das Skelett	28
Aufbau des Knochens	30
Muskelkraft	32
Die Haut	34

• SINNESORGANE •

Sehen	36
Hören	38
Schmecken	40

• STEUERUNG •

Kontrollzentrum	42
Nervenbündel	44
Hormone	46

• ZUSAMMENSPIEL •

Verteidigung	48
Kommunikation	50
Bewegung	52

• ENTWICKLUNG •

Beginn des Lebens	54
Der Embryo	56
Heranwachsen	58
Ersatzteile	60
Fachbegriffe	62
Register	64

Kunst und Wissenschaft
Der italienische Künstler und Wissenschaftler Leonardo da Vinci (1452–1519) sezierte über 30 menschliche Leichen. Seine Skizzen sind teilweise von erstaunlicher Genauigkeit.

Ein berühmter römischer Arzt
Claudius Galenus (129–199 n. Chr.) verfasste mehr als 500 medizinische Schriften. Die Römer lehnten das Sezieren von Leichen ab. Galenus schnitt deshalb tote Tiere auf und studierte die Wunden von Gladiatoren.

Anfänge der Medizin

Schon sehr früh begannen die Menschen, medizinische Kenntnisse zu sammeln. Skelettfunde zeigen uns, dass man bereits vor 50 000 Jahren versuchte, Knochenbrüche durch Zusammenfügen der Enden zu heilen. Von altägyptischen Mumien wissen wir, unter welchen Krankheiten die Menschen damals litten und welche Eingriffe die Ärzte wagten. Die alten Chinesen steckten zur Stärkung der Lebensenergie Nadeln in den Körper. Diese Akupunktur wird heute noch eingesetzt und breitete sich bis nach Europa aus. Die alten Griechen, vor allem Hippokrates, wussten schon viel über die Zusammenhänge zwischen dem Bau der Organe und den Krankheiten. Die Lehren des berühmten römischen Arztes Claudius Galenus galten 1200 Jahre lang. Erst mit der Renaissance im 14. Jahrhundert brachen die Wissenschaftler mit den antiken Vorstellungen von der Medizin und stellten nun selbst Untersuchungen an.

Leichenöffnung
In der Renaissance begannen die Professoren an den Universitäten mit ihren Studenten Leichen zu öffnen und die Anatomie des menschlichen Körpers zu studieren. Der Begründer der modernen Anatomie war Andreas Vesalius.

Körperenergie
Die Chinesen glauben, die Lebensenergie fließe in besonderen Kanälen, den Meridianen. Wenn der Fluss blockiert sei, führe dies zu Krankheiten. Um den Energiefluss aufrechtzuerhalten und auszugleichen, wenden die Chinesen bis heute die Akupunktur an.

Schönheitsideal

Die berühmte kleine Statue der Venus von Willendorf zeigt uns, was die Menschen der Steinzeit als schön empfanden: eine dicke Fettschicht als Zeichen des Wohlergehens und große Brüste als Fruchtbarkeitssymbol.

DAS WAHRE BILD

Andreas Vesalius kam 1514 in Brüssel auf die Welt. Mit 24 Jahren wurde er Professor der Anatomie an der Universität Padua, Italien. Er untersuchte viele menschliche Leichen und verbarg sie oft wochenlang in seinem Studierzimmer, weil das Sezieren damals verboten war. 1543 veröffentlichte er sein Buch „De Humani Corporis Fabrica – Über den Aufbau des menschlichen Körpers". Es enthält genaue Darstellungen aller Organe und erregte viel Aufsehen, weil es sich gegen die Lehren von Galenus und Aristoteles wandte. Vesalius zeichnete das, was er sah, und stellte Vermutungen über die Funktion der Organe an.

Allererste Mikroskope

Die ersten Mikroskope konnten nicht viel mehr als 100fach vergrößern. Bald erzielte man jedoch über 1000fache Vergrößerung, bei der alle Zellen des Körpers deutlich zu erkennen sind.

Wunder der Technik

Elektronenmikroskope funktionieren nicht mit Licht, sondern mit Elektronen. Bei 100 000facher Vergrößerung sieht man selbst winzigste Zellbestandteile.

Ultraschall

Ultraschallgeräte erzeugen unhörbare hohe Schallwellen und fangen deren Echos auf. Das Gerät stellt daraus sichtbare Bilder her. Mit Ultraschall kann man die Entwicklung des heranwachsenden Kindes im Mutterleib verfolgen.

Kopf in 3-D

Mit der Computertomografie kann man seit 1972 dreidimensionale Bilder erzeugen. Man verwendet dazu unter anderem Röntgenstrahlen.

Blick ins Gehirn

Mit der Positronen-Emissions-Tomografie (PET) kann man nachweisen, welche Gehirnregionen bei bestimmten Tätigkeiten des Menschen beteiligt sind und wie viel Energie sie verbrauchen.

Moderne Medizin

Im 14. Jahrhundert begannen die Ärzte, den menschlichen Körper genauer zu untersuchen. Anatomen erforschten seinen Aufbau und die Lage der Organe. Physiologen untersuchten, wie der Körper funktioniert, welche Aufgaben die Organe haben und wie sie zusammenarbeiten. Mit dem Mikroskop, das um 1590 erfunden wurde, konnte man nachweisen, dass der Körper aus Millionen von Zellen besteht. Mit Hilfe von Röntgenstrahlen konnten die Ärzte seit 1895 sogar in den Körper hineinsehen, ohne ihn aufschneiden zu müssen. Ab dem 20. Jahrhundert ermöglichte der Computer die Entwicklung der Tomografie. Dabei sendet man Strahlen in unterschiedlichen Winkeln durch den Körper und kann Schnitte durch den Körper legen, ohne ihn zu verletzen. Damit lassen sich Organe dreidimensional naturgetreu darstellen.

Zellbausteine

Alle Lebewesen setzen sich aus Zellen zusammen. Der Körper des Menschen enthält ungefähr 100 Billionen Zellen, von denen es rund 200 Arten gibt. Zellen wachsen, teilen sich und sterben schließlich ab. Jede Zelle hat eine bestimmte Aufgabe und ist mit einer komplizierten Fabrik vergleichbar, in der tausende von chemischen Reaktionen ablaufen. Die Zellen bilden so unterschiedliche Organe wie Muskeln, Nerven und Haut. Auch Knorpel und Knochen bestehen aus Zellen. Der Aufbau ist bei allen Zellen gleich: Die Membran bestimmt, welche Stoffe in das gallertige Zytoplasma eintreten und welche aus der Zelle austreten. Das Steuerungszentrum ist der Kern. Er enthält Desoxyribonukleinsäure (DNS), in der das Erbgut mit allen Genen seinen Sitz hat. Eine Kernmembran schützt die DNS vor schädlichen Umwelteinflüssen. Im Kern hat auch der Nukleolus seinen Sitz. Er stellt die Ribosomen her, an denen Proteine zusammengesetzt werden.

Blutzellen
Blut besteht je zur Hälfte aus Flüssigkeit und roten Blutkörperchen. Einen sehr kleinen Anteil machen die weißen Blutkörperchen aus (rechts eines in Falschfarben). Sie sind etwa 0,03 mm groß und können die Blutbahn verlassen, um Krankheitserreger in Entzündungsherden zu bekämpfen.

Kernmembran · Mitochondrien · Zellmembran · Kern · Nukleolus · Zytoplasma · Ribosomen · Lysosomen

Blick in eine Zelle
Die Mitochondrien verbrennen Zucker und versorgen die Zelle mit Energie. An den Ribosomen werden Proteine zusammengebaut. Die Lysosomen enthalten Enzyme zum Abbau von Abfällen aus dem Stoffwechsel.

Die wichtigsten Organsysteme

Die mikroskopisch kleinen Zellen des Körpers sind nicht zufällig durcheinander gemischt. Gleichartige Zellen schließen sich zu Geweben zusammen. Tausende von Knochenzellen bilden das harte, widerstandsfähige Knochengewebe, das den Körper stützt und schützt. Das Gehirn und die Nerven bestehen aus Millionen von Nervenzellen. Verschiedene Gewebe schließen sich zu Organen mit bestimmten Formen und Aufgaben zusammen. Im Körper gibt es dutzende von Organen. Einige wie Herz, Gehirn, Lunge und Leber sind allgemein bekannt. Nicht so bekannt sind etwa die Milz oder die Schilddrüse. Mehrere Organe können auch Organsysteme bilden, die jeweils eine bestimmte Aufgabe zu erfüllen haben. Man kann im Körper des Menschen mindestens zehn Organsysteme unterscheiden. Sie arbeiten pausenlos, 24 Stunden am Tag. Das Atmungssystem sorgt dafür, dass wir stets genügend Sauerstoff bekommen. Das Lymphsystem dient der Abwehr von Krankheitserregern. Mit dem Fortpflanzungssystem schaffen wir neues Leben.

Der Zusammenhang

Einige Organsysteme wie das Nervensystem, das Skelettsystem und das Muskelsystem durchziehen den ganzen Körper. Andere wie das Verdauungssystem, das Hormonsystem oder das Ausscheidungssystem umfassen kleinere Bereiche. Verschiedene Organsysteme arbeiten zusammen, um die Körperfunktionen aufrechtzuerhalten. So sorgt das Lymphsystem gemeinsam mit dem Kreislaufsystem dafür, dass gesundes Blut in alle Teile des Körpers gelangt. Arbeitet ein System nicht richtig, wird auch das andere in Mitleidenschaft gezogen. Dann wird man krank.

Die Organsysteme

- Skelettsystem
- Fortpflanzungssystem
- Ausscheidungssystem
- Verdauungssystem
- Nervensystem
- Lymphsystem
- Kreislaufsystem
- Atmungssystem
- Muskelsystem
- Hormonsystem

Schnitte durch den Körper

Der Kernspintomograf setzt den Körper einem starken Magnetfeld aus. Die Wasserstoffatome beginnen darin wie Kreisel zu torkeln. Diese Bewegungen werden dazu benutzt, um „Schnitte" durch den Körper zu legen. Mit der Kernspintomografie kann man weiche Gewebe wie Muskeln, Nerven und Blutgefäße abbilden.

RÖNTGENBILDER

Im Jahr 1895 entdeckte Wilhelm Conrad Röntgen die später nach ihm benannten Strahlen. Ihm fiel bei Experimenten mit Kathoden auf, dass diese Strahlen aussandten, die durch Haut und Fleisch, nicht aber durch Knochen drangen. Auf einem Leuchtschirm erkannte er deutlich das Skelett. Mit Hilfe von Röntgenstrahlen stellten die Ärzte schon bald Knochenbrüche fest.

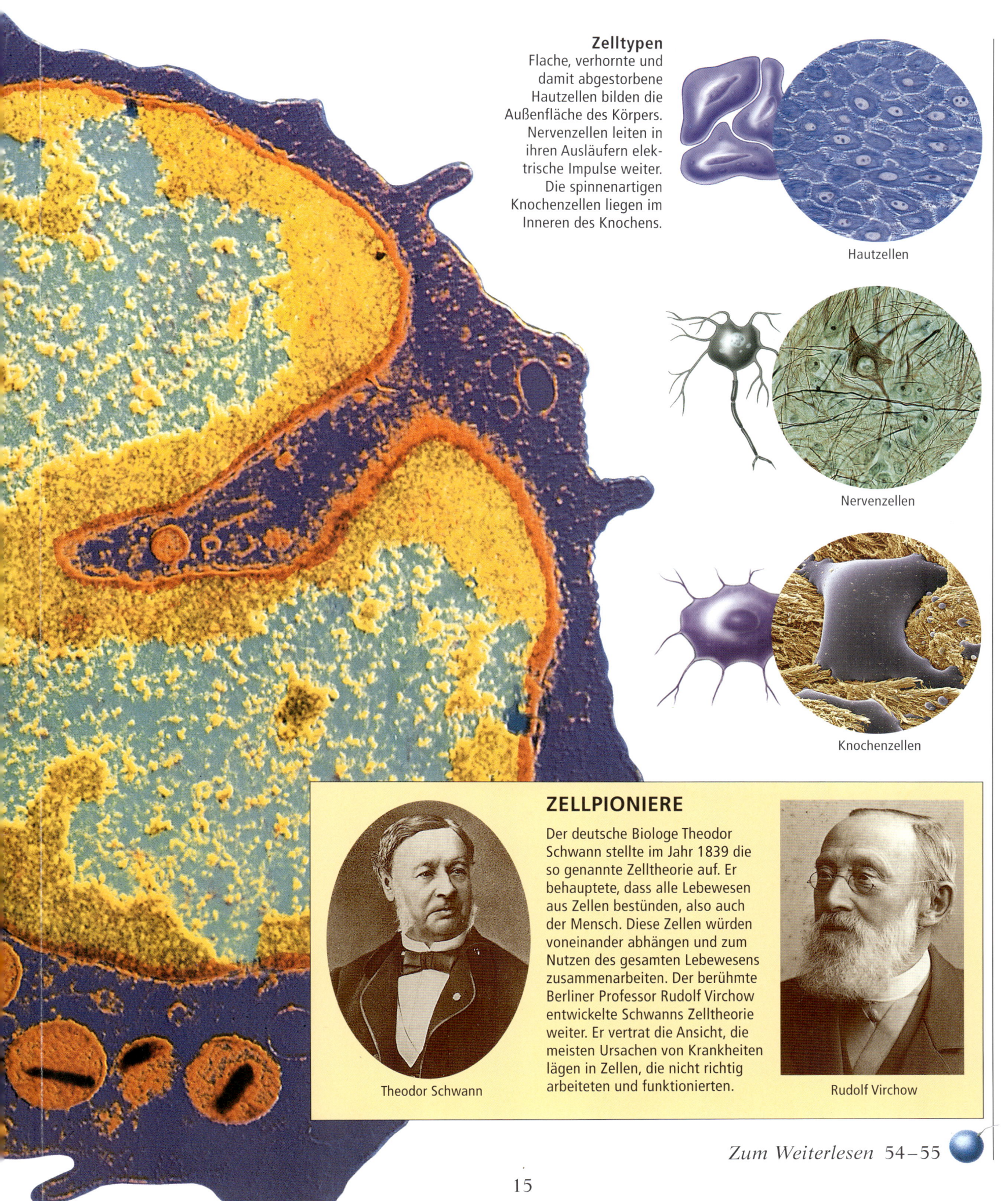

Zelltypen

Flache, verhornte und damit abgestorbene Hautzellen bilden die Außenfläche des Körpers. Nervenzellen leiten in ihren Ausläufern elektrische Impulse weiter. Die spinnenartigen Knochenzellen liegen im Inneren des Knochens.

Hautzellen

Nervenzellen

Knochenzellen

ZELLPIONIERE

Der deutsche Biologe Theodor Schwann stellte im Jahr 1839 die so genannte Zelltheorie auf. Er behauptete, dass alle Lebewesen aus Zellen bestünden, also auch der Mensch. Diese Zellen würden voneinander abhängen und zum Nutzen des gesamten Lebewesens zusammenarbeiten. Der berühmte Berliner Professor Rudolf Virchow entwickelte Schwanns Zelltheorie weiter. Er vertrat die Ansicht, die meisten Ursachen von Krankheiten lägen in Zellen, die nicht richtig arbeiteten und funktionierten.

Theodor Schwann

Rudolf Virchow

Zum Weiterlesen 54–55

Herzkranzgefäße

Die dicken muskulösen Herzwände arbeiten unentwegt und müssen deshalb sehr gut durchblutet werden. Dies geschieht durch die Herzkranzgefäße, die an der Außenseite des Herzens deutlich zu erkennen sind. Schlechte Durchblutung kann zu einem Herzinfarkt führen.

Hohlvene

Aorta

Lungenarterie

Rechter Vorhof

Lungenvene

Linker Vorhof

Linke Herzkammer

Rechte Herzkammer

Blick ins Innere

Die linke und die rechte Herzhälfte bestehen jeweils aus einer Pumpe mit zwei Kammern. Das Blut aus den Venen dringt in die Vorhöfe ein. Dann fließt es durch die Herzklappen weiter in die Herzkammern. Von dort wird es in die Arterien gepumpt.

Der Motor

Das Herz ist der Motor des Körpers und etwa so groß wie eine Faust. Jede Sekunde pumpt es Blut in das Kreislaufsystem. Genau genommen ist es ein Muskelschlauch, der aus zwei nebeneinander liegenden Pumpen besteht. Die rechte Seite pumpt Blut in die Lunge, wo der Gasaustausch stattfindet. Dort gibt das Blut Kohlendioxid ab und nimmt Sauerstoff auf, den alle Zellen benötigen. Die linke Herzhälfte pumpt das sauerstoffreiche Blut in den Körper. Das sauerstoffarme Blut kehrt schließlich wieder in die rechte Herzkammer zurück, wo der Kreislauf von neuem beginnt. Wir unterscheiden einen doppelten Kreislauf, den Lungen- und den Körperkreislauf. Die Gefäße, die Blut vom Herzen wegführen, heißen Arterien. Venen befördern das Blut zum Herzen zurück. Wenn sich das Herz zusammenzieht und wieder erschlafft, fühlen wir dies als Herz- oder Pulsschlag.

Amulette

Die alten Ägypter glaubten, im Herzen hätten Gedächtnis, Gedanken und Gefühle ihren Sitz. Sie gaben den Toten deshalb Herzamulette (oben) mit, die sie auf ihrer Reise ins Jenseits beschützen sollten.

Ein neues Herz

Bei schweren Herzerkrankungen verpflanzen Chirurgen das Herz eines Unfalltoten in den Körper eines Patienten. Eine solche Herztransplantation ist heute Routine. Menschen aller Altersgruppen (links) wurde bereits ein Spenderherz eingepflanzt.

SCHON GEWUSST?

In einem vier Wochen alten Embryo beginnt das Herz zu schlagen. Nach acht Wochen ist das Herz voll entwickelt.

Zentrum des Körpers

Das Herz liegt in der Brust zwischen den Lungen-flügeln. Über Arterien und Venen ist es mit dem Kreislaufsystem verbunden. Jede Sekunde pumpt es Blut in die elastischen Arterien. Sie durchziehen den ganzen Körper und verzweigen sich immer mehr. In fein verästelten Kapillaren gibt das Blut Sauerstoff ab und nimmt Kohlendioxid auf. Die Kapillaren vereinigen sich zu dünnwandigen Venen, in denen das Blut zum Herzen zurück-fließt.

HILFE FÜR DAS HERZ

Zwischen dem Vorhof und der Herz-kammer liegt jeweils eine Herzklappe. Sie steuert die Richtung des Blut-stroms. Wenn das Blut zurückfließen will, legen sich die Zipfel der Klappe eng aneinander und schließen die Kammer. Diese Bewegung ist als Herzschlag hörbar. Wenn die Klappen nicht richtig schließen, weil sie steif oder schwach geworden sind, führt das zu Problemen. Herzklappen er-setzt man heute durch Prothesen aus Metall und Kunststoff (unten).

Künstliche Herzklappen

Transport und Verteilung

Das Blut verlässt das Herz in den Arterien. Diese haben dicke, widerstandsfähige und doch elastische Wände, die dem hohen Blutdruck bei jedem Herzschlag standhalten. Die Arterien verzweigen sich immer weiter und bilden am Ende viele Millionen winziger Blutgefäße, die Kapillaren. Deren Wände sind so dünn, dass die lebenswichtigen Stoffe wie Sauerstoff, Zucker und andere Nährstoffe sowie Hormone durch sie hindurchtreten können. Die Zellen geben Kohlendioxid und Abfallstoffe durch die Kapillarwände an das Blut ab. Das Kohlendioxid gelangt in die Lunge, die Abfallstoffe landen in der Leber und den Nieren. Nach dem Stoffaustausch vereinigen sich die Kapillaren zu größeren Gefäßen, den dünnwandigen Venen. In diesen fließt das Blut mit geringem Druck zum Herzen zurück. Außerdem verteilt das Blut die Wärme über den ganzen Körper und dichtet Wunden durch Blutgerinnsel ab.

Kreislaufsystem
Das Blut fließt erst in Arterien, dann in Venen. Es verteilt Gase und Nährstoffe, nimmt Abfallstoffe auf und bekämpft Krankheitserreger.

Weißes Blutkörperchen

Weißes Blutkörperchen

In den Kapillaren
Der flüssige Anteil des Blutes, das Plasma, enthält gelöste Salze, Zucker und andere Stoffe. Die festen Blutbestandteile sind die roten und weißen Blutkörperchen sowie die Blutplättchen. Milliarden von roten Blutkörperchen transportieren den Sauerstoff. Die weißen Blutkörperchen bekämpfen Krankheitskeime. Die Blutplättchen sorgen für die Blutgerinnung.

Rotes Blutkörperchen

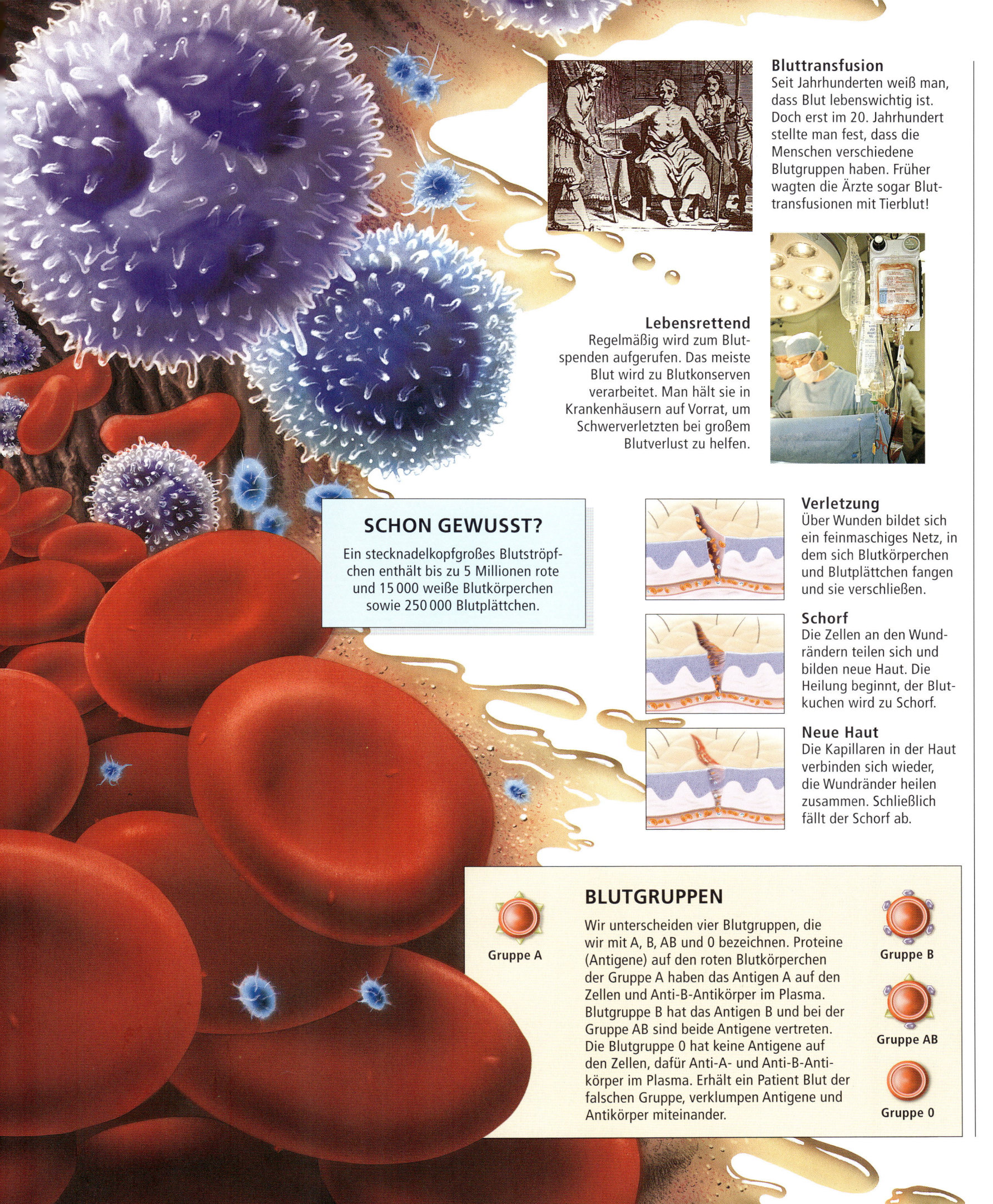

Bluttransfusion
Seit Jahrhunderten weiß man, dass Blut lebenswichtig ist. Doch erst im 20. Jahrhundert stellte man fest, dass die Menschen verschiedene Blutgruppen haben. Früher wagten die Ärzte sogar Bluttransfusionen mit Tierblut!

Lebensrettend
Regelmäßig wird zum Blutspenden aufgerufen. Das meiste Blut wird zu Blutkonserven verarbeitet. Man hält sie in Krankenhäusern auf Vorrat, um Schwerverletzten bei großem Blutverlust zu helfen.

SCHON GEWUSST?
Ein stecknadelkopfgroßes Blutströpfchen enthält bis zu 5 Millionen rote und 15 000 weiße Blutkörperchen sowie 250 000 Blutplättchen.

Verletzung
Über Wunden bildet sich ein feinmaschiges Netz, in dem sich Blutkörperchen und Blutplättchen fangen und sie verschließen.

Schorf
Die Zellen an den Wundrändern teilen sich und bilden neue Haut. Die Heilung beginnt, der Blutkuchen wird zu Schorf.

Neue Haut
Die Kapillaren in der Haut verbinden sich wieder, die Wundränder heilen zusammen. Schließlich fällt der Schorf ab.

BLUTGRUPPEN
Wir unterscheiden vier Blutgruppen, die wir mit A, B, AB und 0 bezeichnen. Proteine (Antigene) auf den roten Blutkörperchen der Gruppe A haben das Antigen A auf den Zellen und Anti-B-Antikörper im Plasma. Blutgruppe B hat das Antigen B und bei der Gruppe AB sind beide Antigene vertreten. Die Blutgruppe 0 hat keine Antigene auf den Zellen, dafür Anti-A- und Anti-B-Antikörper im Plasma. Erhält ein Patient Blut der falschen Gruppe, verklumpen Antigene und Antikörper miteinander.

Gruppe A

Gruppe B

Gruppe AB

Gruppe 0

Tief durchatmen!

In Ruhe atmen wir alle paar Sekunden einen halben Liter Luft ein und aus. Die Luft dringt über die Nase oder den Mund ein und gelangt über den Kehlkopf und die Luftröhre in die schwammige Lunge. Sie absorbiert den Sauerstoff, der ungefähr ein Fünftel der Luft ausmacht. Sauerstoff ist wichtig, weil der Körper ihn für die energieliefernden chemischen Reaktionen benötigt. Die Lunge gibt den Sauerstoff an das Blut ab, das ihn zu jeder einzelnen Körperzelle transportiert. Das wichtigste Abgas des Körpers, das Kohlendioxid, nimmt die umgekehrte Richtung: Es gelangt aus dem Blut in die Lungenbläschen und wird dann in der Lunge ausgeatmet. Da der Körper den Sauerstoff nicht speichern kann, müssen wir ununterbrochen atmen, um am Leben zu bleiben.

Arterie

Bronchiole

Oberlappen

Vene

Lungen-
bläschen

Kapillaren

Unterlappen

Mittellappen

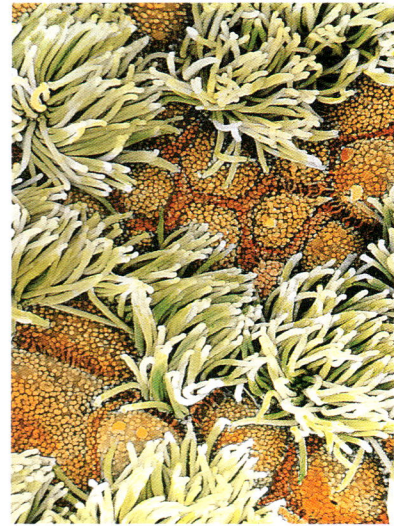

Staubwischer
Die Luftwege der Nase, der Luftröhre und der Lunge sind von einer Schleimhaut überzogen, deren zäher Schleim Staubteilchen einfängt. Die Schleimhautschicht enthält mikroskopisch kleine Flimmerhaare, die Zilien (links), die dauernd nach vorn und hinten schlagen und so den schmutzigen Schleim zur Kehle befördern, wo er verschluckt wird.

Im Inneren der Lunge
Zu jedem Lungenflügel führt eine Bronchie, die durch die Gabelung der Luftröhre entsteht. Die Bronchien selbst verzweigen sich viele Male und bilden Millionen von Bronchiolen. Jede Bronchiole endet in einer Traube von Alveolen, den Lungenbläschen, die von Kapillaren umgeben sind. Sauerstoff tritt durch die Wände der Alveolen in das Blut der Kapillaren über.

 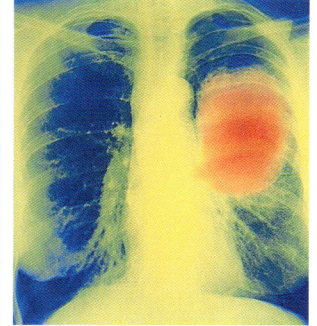

Dunkle Schatten
Das Röntgenbild zeigt die gesunde Lunge (links) als schwachen Schatten. Die dunkleren Schatten (rechts) deuten auf Lungenschäden hin, etwa durch Rauchen.

Luftröhre

Oberlappen

Lungenarterie

Lungenvene

Nasenhöhle

Lunge

Zwerchfell

Einatmen
Der wichtigste Atemmuskel ist das Zwerchfell. Wenn es sich zusammenzieht und abflacht, dehnt es den Lungenraum nach unten aus und wir atmen ein.

Nasenhöhle

Lunge

Zwerchfell

Ausatmen
Wenn wir das Zwerchfell entspannen, atmen wir aus. Die elastische Lunge verkleinert sich und durch den Überdruck entweicht Luft aus der Lunge.

Bronchie

Zwerchfell

Herz

Unterlappen

Zum Weiterlesen 18–19

Erste Verdauung

Wenn wir die Nahrung kauen, geben die Speicheldrüsen ein wässriges Sekret ab. Beim Vermischen im Mund entsteht ein glitschiger Bissen, der leicht zu schlucken ist. Die Enzyme im Speichel lösen bereits die Stärke auf.

Ohrspeichel-
drüse

Speicheldrüsen
im Unterkiefer

Mund auf !

Die Nahrung, die wir zu uns nehmen, durchläuft in 24 Stunden unseren Körper. Sie wandert durch das Verdauungssystem und legt vom Mund bis zum After etwa acht Meter zurück. Mit dem Mund zerkleinern wir die Nahrung und speicheln sie ein. Hier beginnt schon die Verdauung. Sie wird im Magen fortgesetzt und im etwa sechs Meter langen Dünndarm abgeschlossen. Dabei wird die Nahrung auf chemischem Weg in ihre Bestandteile zerlegt. Diese sind so klein, dass die Blutgefäße der Darmwand sie aufnehmen können. Aus der Nahrung gewinnt der Körper Energie, mit der die vielen Millionen chemischer Reaktionen in Gang gesetzt werden, die uns am Leben erhalten. Die Nahrung enthält aber auch Nährstoffe, die wir für den Aufbau neuer Körperzellen und für den Ersatz bereits bestehender Zellen und Gewebe benötigen.

SCHNEIDEN, REISSEN, ZERKLEINERN

Die Formen unserer 32 Zähne sind ihren Aufgaben angepasst: Die Schneidezähne sind breit und scharf wie Meißel. Die Eckzähne sind länger und zugespitzt; mit ihnen zerreißen wir die Nahrung. Die Vorbackenzähne und Backenzähne haben breite Kauflächen zum Zerkleinern. Erwachsene haben im Ober- und Unterkiefer je 4 Schneidezähne, 2 Eckzähne, 4 Vorbackenzähne und 6 Backenzähne. Die letzten Backenzähne heißen Weisheitszähne. Das Milchgebiss der Kinder besteht nur aus 20 Zähnen.

Schneide-
zahn

Eck-
zahn

Vorbacken-
zahn

Backen-
zahn

Guten Appetit !

Beim Essen öffnen wir die Lippen und nehmen Nahrung auf. Dann schließen wir sie, damit beim Kauen nichts herausfällt. Mit den Zähnen zerkleinern wir die Nahrung, wobei die Zunge sie dauernd hin und her schiebt. Mit den Wangen pressen wir die Brocken unter leichtem Druck gegen die Zähne. Zum Schluss drückt die Zunge den Bissen zur Kehle hin. Mit der Schluckbewegung verschwindet er in der Speiseröhre.

Schutz im Rachen

Tief im Rachenraum liegen die Mandeln. Sie bestehen aus Lymphgewebe (links), das bei der Bekämpfung von Krankheitskeimen eine wichtige Rolle spielt. Wenn die Mandeln entzündet und stark angeschwollen sind, enthalten sie Lymphe, weiße Blutkörperchen und abgetötete Krankheitserreger.

Formen

Die Zunge trennt einen kleinen Bissen Nahrung im Mund ab. Sie presst ihn gegen das Munddach, den harten Gaumen, und formt daraus eine kleine Kugel.

Bissen
Kehldeckel
Luftröhre
Speiseröhre

Schieben

Mit der Zunge schieben wir den Bissen zur Kehle hin. Der Kehldeckel liegt über der Luftröhre und verhindert, dass Nahrungsbrocken in die Luftröhre gelangen.

Bissen
Kehldeckel
Luftröhre
Speiseröhre

Schlucken

Muskeln im unteren Kehlkopf ziehen sich wellenartig zusammen. Sie packen den Bissen und transportieren ihn durch die Speiseröhre in den Magen.

Kehldeckel
Speiseröhre
Bissen
Luftröhre

SCHON GEWUSST?

Frischer Speichel aus gesunden Speicheldrüsen enthält keine Bakterien. Nach dem Kauen kann ein Tropfen Speichel eine Million Bakterien aufweisen. Sie stammen aus der Nahrung und der Mundschleimhaut.

Zum Weiterlesen 40–41

Gerade geschluckt

Die muskulösen Magen-
wände durchmischen mit
langsamen Bewegungen
die Nahrung (blau). Die
Magenschleimhaut gibt
dazu Enzyme ab, die die
Proteine aufbrechen.

Nach einer Stunde

Der Speisebrei sieht nun
einheitlich aus und heißt
Chymus. Stärke- und
zuckerhaltige Nahrung
ist viel leichter zu ver-
dauen als fette.

Nach vier Stunden

Der Magen hat seine
Arbeit getan. Der Speise-
brei tritt portionsweise
durch den Ringmuskel
des Pförtners in den
Dünndarm über.

Selbstschutz

Die Magenwand (oben)
enthält winzige Drüsen, die
Säure, Enzyme und Schleim
produzieren. Die Wand
selbst ist von einer dicken
Schleimschicht bedeckt,
um eine Selbstverdauung
zu verhindern.

Gallenblase

Zwölffingerdarm

Leber

Dickdarm

Wurmfortsatz

Im Verdauungs-trakt

Nach dem Schlucken wandert der Bissen durch die Speiseröhre in den Magen. Dieser bildet die größte Ausstülpung
des ganzen Verdauungstraktes. Der Magen ist von Muskel-
wänden umgeben und kann bis zu zwei Liter Nahrung und
Flüssigkeit aufnehmen. Die Magenwände durchmischen
den Speisebrei und geben Enzyme und starke Säuren ab,
die Proteine aufspalten. Dann wird die vorverdaute Nahrung portionsweise durch den Pförtnermuskel in den Dünndarm weitergeschoben. Dort sorgen zahlreiche Enzyme für
die endgültige Verdauung. Die Kapillaren in den Zotten
der Dünndarmwände nehmen die Nährstoffe auf. Auf den
Dünndarm folgt der Dickdarm. Hier werden dem nun
nährstoffarmen Speisebrei noch Wasser und Nährsalze
entzogen. Die braunen, halbfesten Verdauungsreste speichert schließlich der Enddarm. Den Kot oder Stuhl geben
wir von Zeit zu Zeit durch den After nach außen ab.

Speiseröhre

Magen

Bauch-
speicheldrüse

Weiterverarbeitung
Die Bauspeicheldrüse und
die Leber mit der Gallenblase
geben Verdauungssäfte in den
Dünndarm ab. Die Nährstoffe
gelangen über das Blut in die
Leber, wo sie weiterzerlegt
oder gespeichert werden.

GESUNDES ESSEN

Der Mensch braucht eine möglichst vielseitige
Ernährung. Stärke und Zucker liefern vor allem
Energie. Proteine benötigen wir für das Wachstum und den ständigen Ersatz von Zellen und
Geweben. Pflanzliche Öle sind für die Nerven
und die Zellmembranen wichtig. Vorsicht ist
bei tierischen Fetten geboten, weil zu viel
Cholesterin die Blutgefäße und das Herz
schädigen kann. Frische Früchte und Ge-
müse versorgen uns mit wichtigen Vita-
minen und Mineralsalzen sowie mit
Ballaststoffen für die gesunde Verdauung.

Dünndarm

SCHON GEWUSST?

Der Dünndarm liegt in vielen
Windungen im Unterbauch. Er ist
mit rund 6 m viermal so lang wie
der Dickdarm. Das kürzeste
Darmstück ist beim Menschen der
etwa daumenlange Blinddarm.

Die Zotten
Auf der samtartigen
Oberfläche des Dünn-
darms sitzen tausende
fingerförmige Aus-
stülpungen. Jede
dieser Zotten ist ca.
1 mm lang und nimmt
Nährstoffe auf. Die
Zotten vergrößern
die Fläche des Darms
um das 20fache.

Enddarm

Aufspalten und Ausscheiden

Zum Verdauungssystem gehören neben dem Magen und dem Darm auch die Bauchspeicheldrüse und die Leber mit der Gallenblase. Die keilförmige Bauchspeicheldrüse, die auch Pankreas heißt, liegt unmittelbar hinter dem Magen und stellt Verdauungsenzyme her. Diese gibt sie in den Dünndarm ab. Die Gallenblase unterhalb der Leber speichert Galle, eine grünlich gelbe Flüssigkeit, die bei der Verdauung von Fett hilft. Die Leber ist die größte Drüse. Sie erfüllt so zahlreiche verschiedene Aufgaben, dass man sie auch als chemische Fabrik des Körpers bezeichnet. Vor allem verarbeitet sie die Nährstoffe, die das Blut aus dem Darm heranbringt. Alle Körperzellen produzieren auch Abfälle, zum Beispiel Harnstoff. Das Blut transportiert diese Stoffe zum Ausscheidungssystem. Dort filtern die Nieren sie heraus und erzeugen den Urin, der über die Harnblase abgegeben wird.

Leber

Gallenblase

Rinde

Mark

Nierenarterie

Nierenvene

Nierenbecken

Blutfilter
Die Nierenarterien schaffen Blut heran, das in der Rinde und im Mark der Nieren gefiltert wird. Das gereinigte Blut kehrt in der Nierenvene zum Herzen zurück. Der Urin sammelt sich im Nierenbecken und fließt durch den Harnleiter in die Blase.

Ausscheidungssystem
Die Nieren liegen im Oberbauch hinten am Rücken. Der Urin fließt über die beiden Harnleiter in die Harnblase. Über die Harnröhre verlässt er den Körper.

Winzige Filter
Jede Niere enthält etwa eine Million Nierenkörperchen (oben). In 24 Stunden fließen rund 1500 l Blut durch die Nieren. Das Blut durchläuft die Nieren also über 300-mal am Tag.

Verdauungssäfte
Alle Verdauungssäfte enthalten Enzyme, die chemische Reaktionen im Körper antreiben. Die Enzyme des Speichels zerlegen die Stärke in Zuckermoleküle. Die Enzyme des Magensaftes und der Bauchspeicheldrüse spalten Proteine in einzelne Aminosäuren auf. Die Galle zerteilt Fette und Öle in winzige Tröpfchen.

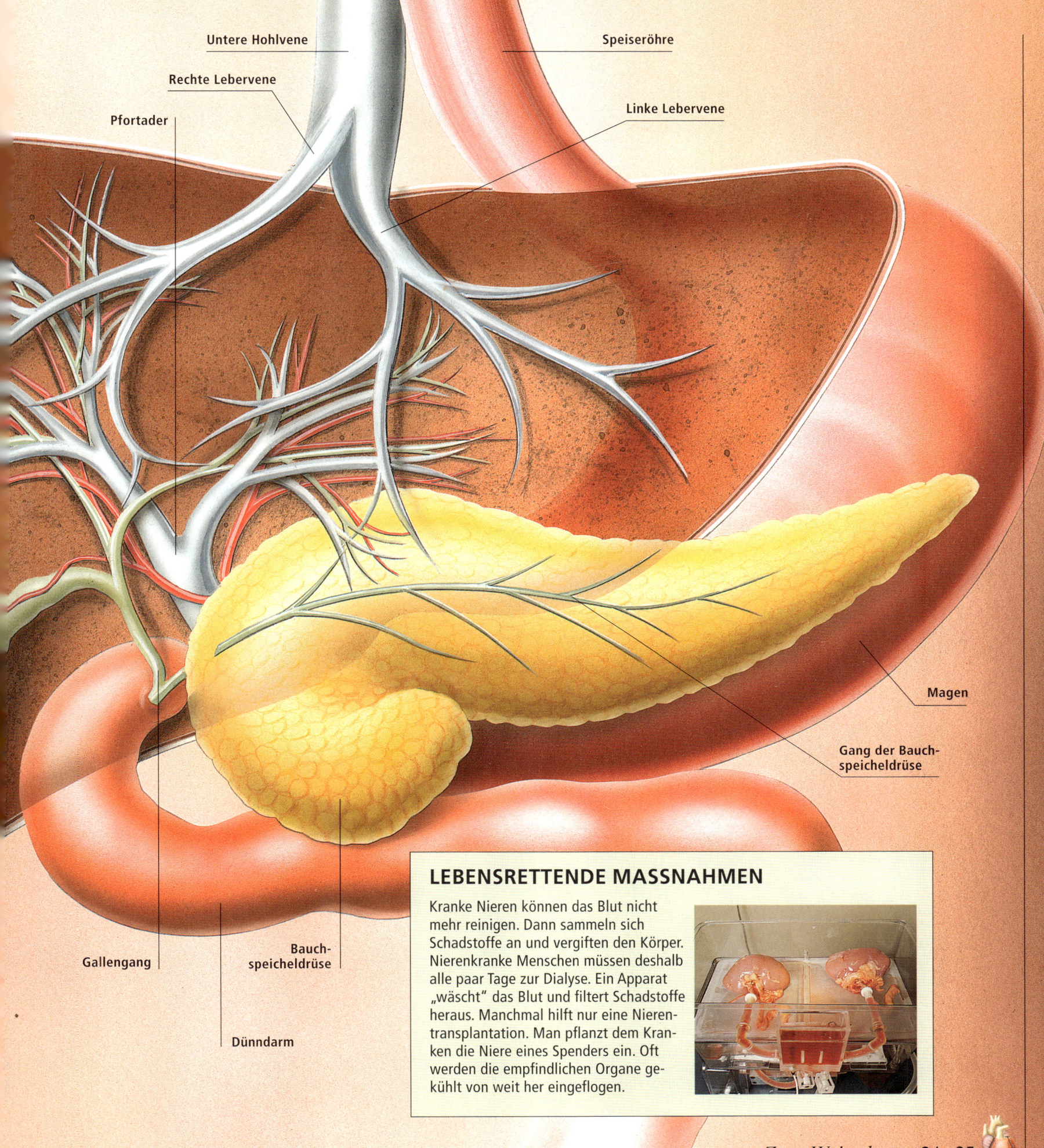

Untere Hohlvene

Rechte Lebervene

Pfortader

Speiseröhre

Linke Lebervene

Magen

Gang der Bauch-speicheldrüse

Gallengang

Bauch-speicheldrüse

Dünndarm

LEBENSRETTENDE MASSNAHMEN

Kranke Nieren können das Blut nicht mehr reinigen. Dann sammeln sich Schadstoffe an und vergiften den Körper. Nierenkranke Menschen müssen deshalb alle paar Tage zur Dialyse. Ein Apparat „wäscht" das Blut und filtert Schadstoffe heraus. Manchmal hilft nur eine Nieren-transplantation. Man pflanzt dem Kran-ken die Niere eines Spenders ein. Oft werden die empfindlichen Organe ge-kühlt von weit her eingeflogen.

Zum Weiterlesen 24–25

Das Skelett

Die meisten Teile unseres Körpers wie die Muskeln, die Blutgefäße und der Darm sind weich und oft formlos. Dennoch stehen wir aufrecht auf zwei Beinen. Möglich wird dies durch das Skelett, das aus 208 bis 214 starren, kräftigen Knochen besteht. Wir unterscheiden vor allem zwei Teile: die Wirbelsäule mit dem Schädel, den Rippen und dem Becken und das Skelett der vier Gliedmaßen. Ungefähr die Hälfte aller Knochen findet sich in den Hand- und Fußgelenken sowie in den Fingern und Zehen. Jeder Knochen im Körper dient als Hebel und ist so geformt, dass er die mechanischen Belastungen ohne Schaden übersteht. Die meisten Knochen sind untereinander durch bewegliche Gelenke verbunden. Sie werden über Sehnen von Muskeln bewegt. Nur weil Muskelkraft an den Knochen angreift, können wir zum Beispiel gehen, laufen und springen.

Schutz für das Gehirn

Knochen stützen und schützen. Der Schädel umschließt das empfindliche Gehirn. Die Hirnschale besteht aus acht Knochen, die durch so genannte Nähte fest miteinander verbunden sind.

Schädelknochen

Das Gehirn ist rundum von Knochen umgeben. Nur mit Kernspintomografen gelingt ein Blick ins Innere des Gehirns.

Schulterblatt

Oberarmknochen

Elle

Fingerknochen

Schädelnähte

Speiche

Schädel

Mittelhandknochen

Schlüsselbein

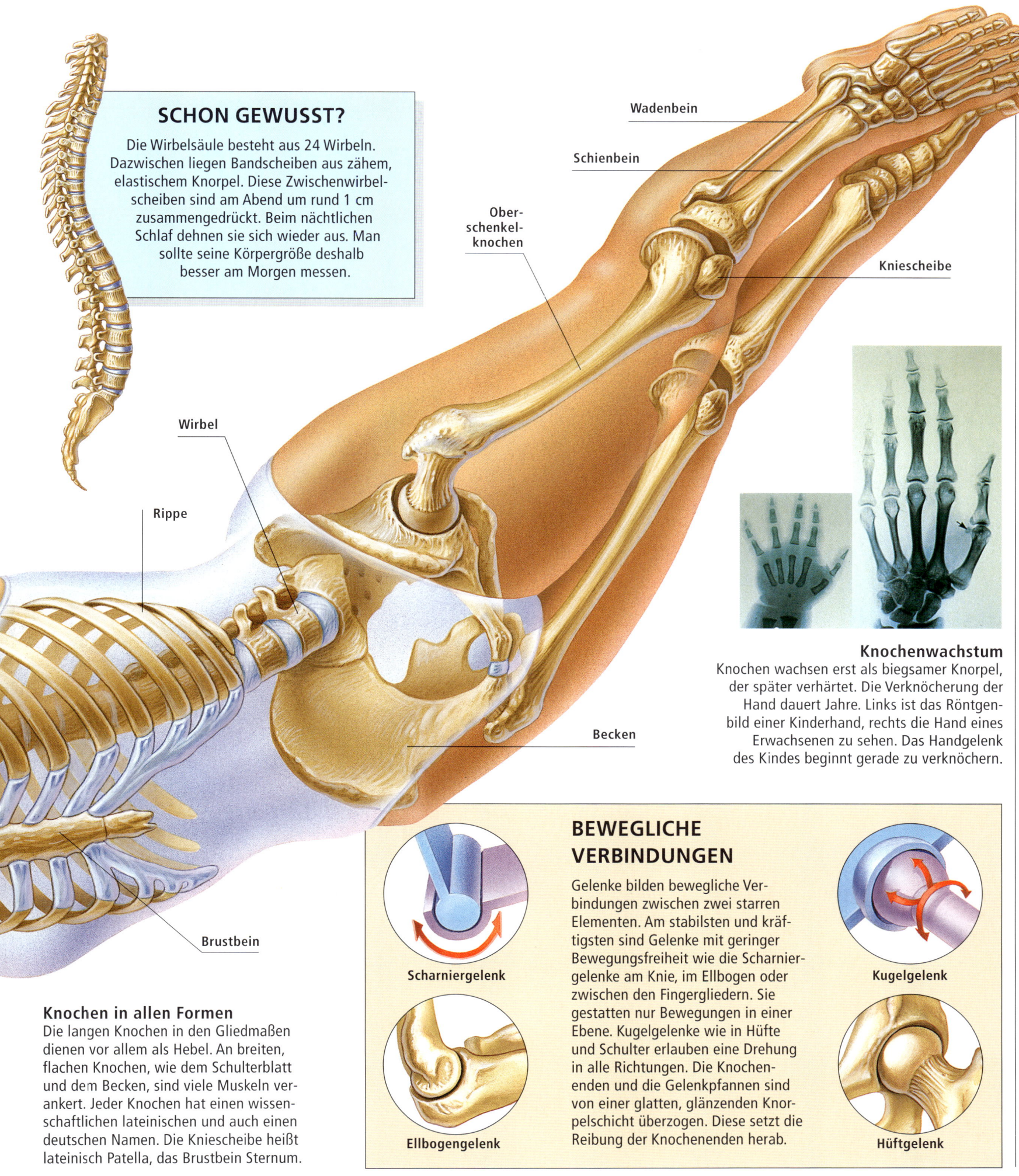

Wadenbein

Schienbein

Oberschenkelknochen

Kniescheibe

Wirbel

Rippe

Becken

Brustbein

Knochenwachstum

Knochen wachsen erst als biegsamer Knorpel, der später verhärtet. Die Verknöcherung der Hand dauert Jahre. Links ist das Röntgenbild einer Kinderhand, rechts die Hand eines Erwachsenen zu sehen. Das Handgelenk des Kindes beginnt gerade zu verknöchern.

BEWEGLICHE VERBINDUNGEN

Gelenke bilden bewegliche Verbindungen zwischen zwei starren Elementen. Am stabilsten und kräftigsten sind Gelenke mit geringer Bewegungsfreiheit wie die Scharniergelenke am Knie, im Ellbogen oder zwischen den Fingergliedern. Sie gestatten nur Bewegungen in einer Ebene. Kugelgelenke wie in Hüfte und Schulter erlauben eine Drehung in alle Richtungen. Die Knochenenden und die Gelenkpfannen sind von einer glatten, glänzenden Knorpelschicht überzogen. Diese setzt die Reibung der Knochenenden herab.

Scharniergelenk

Kugelgelenk

Ellbogengelenk

Hüftgelenk

Knochen in allen Formen

Die langen Knochen in den Gliedmaßen dienen vor allem als Hebel. An breiten, flachen Knochen, wie dem Schulterblatt und dem Becken, sind viele Muskeln verankert. Jeder Knochen hat einen wissenschaftlichen lateinischen und auch einen deutschen Namen. Die Kniescheibe heißt lateinisch Patella, das Brustbein Sternum.

29

Knochenhaut

Bälkchen-
knochen

Kompakter
Knochen

Knochenmark

Bälkchenknochen
Diese schwammartige Knochenart tritt an den Enden langer Knochen auf. Die Hohlräume, die den Knochen leichter machen, sind mit Zellen und Flüssigkeit gefüllt. Die Anordnung der Bälkchen entspricht den Druck- und Zuglinien.

Kompakte Knochen
Lange Knochen sind röhrenförmig. Auf der Außenseite sind sie hart und fest, das Röhreninnere enthält das weiche Knochenmark. Der Knochen ist von der sehr schmerzempfindlichen Knochenhaut überzogen.

Aufbau des Knochens

Der Knochen ist ein lebendes Gebilde, das sich ständig verändert. Das Knochengewebe setzt sich aus drei Bestandteilen zusammen: Kollagenfasern verleihen dem Knochen eine gewisse Biegsamkeit. Kalziumphosphat (Apatit), ein Salz, das für Röntgenstrahlen undurchlässig ist, macht den Knochen hart. Der dritte Knochenbestandteil sind spezielle Zellen (Osteoblasten), die Kollagen und Kalksalz abscheiden. Knochen sind also hart, aber bis zu einem gewissen Grad auch flexibel. Sie enthalten etwa ein Fünftel Wasser. Wie alle anderen Körperteile haben sie Blutgefäße für den Transport von Nährstoffen sowie Nerven, die Schmerzen wahrnehmen können. Unser Skelett reagiert auch auf Veränderungen. Wenn ein Sportler mit einem Krafttraining durch Gewichtheben beginnt, verstärken sich auch seine Knochen, um den neuen Belastungen gewachsen zu sein.

Eine Kuppel aus Knochen

Der menschliche Körper ist wundervoll konstruiert. Ingenieure und Architekten haben sich davon anregen lassen. Der Schädel des Menschen ist einer Kuppel vergleichbar: Beides sind leichte, aber widerstandsfähige Konstruktionen.

Selbstheilung

Auf Röntgenbildern treten die Knochen als scharfe, weiße Flächen hervor. Auch Risse und Brüche werden sichtbar. Ein gebrochenes Glied muss geschient oder eingegipst werden, damit die Knochenenden genau aneinander liegen und wieder zusammenwachsen.

Knochenbruch

Bei einem Bruch kommt es zu einer Blutung. Das Blut gerinnt und verstopft dabei die Gefäße.

Heilung

Zellen in den beiden Bruchstücken beginnen sich zu teilen und bilden zunächst Knorpel und dann Knochen.

Wiederherstellung

Der Knorpel wird zu echtem Knochen. Erstaunlich ist, dass die ursprüngliche Form des Knochens wiederhergestellt wird.

ROTES UND GELBES KNOCHENMARK

Neugeborene haben in ihren Knochen nur rotes Knochenmark. Es produziert jeden Tag Millionen neuer roter Blutkörperchen sowie Blutplättchen und weiße Blutkörperchen. Im Lauf des Lebens wird das rote Mark vom gelben Fettmark verdrängt. Bei Erwachsenen finden wir rotes Mark nur noch in den Röhrenknochen, dem Brustbein, den Rippen, den Wirbeln und den Schädelknochen. Erkrankungen des Knochenmarks haben Auswirkungen auf das Immunsystem, das Krankheitskeime bekämpft. Bei der Leukämie vermehren sich die weißen Blutkörperchen zu stark.

Gesundes Mark

Krankes Mark

Zusammenziehen

Viele Muskeln funktionieren paarweise. Wenn sich der Bizeps zusammenzieht oder kontrahiert, beugt er den Unterarm und streckt den Trizeps. Kontrahiert sich der Trizeps, so streckt sich der Arm.

Bizeps kontrahiert

Trizeps erschlafft

Bizeps erschlafft

Trizeps kontrahiert

Muskelkraft

Für jede Bewegung brauchen wir Muskeln. Man unterscheidet drei Muskeltypen: Die glatte Muskulatur in der Wand des Verdauungskanals zieht sich langsam zusammen und transportiert auf diese Weise den Speisebrei. Auch die Wände der Arterien und der Atemwege in der Lunge enthalten glatte Muskulatur, die wir mit dem Willen nicht steuern können. Die Skelettmuskulatur setzt sich aus quer gestreiften Fasern zusammen. Rund 640 solcher Muskeln hat der Mensch. Sie machen zwei Fünftel des Körpergewichts aus. Einige sind lang und sehr dünn, andere flach und breit, die meisten aber spindelförmig. Skelettmuskeln sind über Sehnen mit Knochen oder mit anderen Muskeln verbunden. Der Herzmuskel besteht sowohl aus glatten wie quer gestreiften Muskelfasern.

Trapezmuskel

Schultermuskel

Oberschenkelmuskel

Wadenmuskel

Trizeps

Gesäßmuskel

Gerader Bauchmuskel

Achillessehne

Muskelschichten

Der Mensch hat mehrere übereinander liegende Muskelschichten. Unter der Haut liegen dutzende von Skelettmuskeln. Ihre Enden laufen in Sehnen aus, die mit den Knochen fest verbunden sind.

SCHON GEWUSST?

Der größte Muskel im Körper ist der Gesäßmuskel am oberen Ende des Oberschenkels. Der kleinste Muskel bewegt den winzigen Steigbügel, eines der Gehörknöchelchen im Mittelohr.

Muskelkraft

Skelettmuskeln bestehen aus gebündelten Muskelfasern. Diese setzen sich aus bis zu 30 cm langen haarfeinen Riesenmuskelzellen zusammen. Die Skelettmuskulatur ist quer gestreift. Glatte Muskulatur hat spindelförmige Zellen ohne Streifung. Der Herzmuskel steht zwischen beiden Muskelarten. Seine Muskelzellen verzweigen sich.

Quer gestreifte Muskulatur

Glatte Muskulatur

Herzmuskel

Fitness

Wenn man seinen Körper trainiert, werden alle Muskeln größer und leistungsfähiger, auch der Herzmuskel und die Atemhilfsmuskeln. Man fühlt sich dadurch gesund und fit.

Brustmuskel

Bizeps

Fingerstreckmuskel

PROBLEME MIT DEN MUSKELN

Muskeln, die man nicht regelmäßig gebraucht und trainiert, werden schwach und schlaff. Sie verkleinern sich und verlieren an Masse. Um sich richtig gesund zu fühlen, ist deshalb regelmäßige körperliche Bewegung erforderlich. Muskeln können aber auch erkranken. So schwinden bei einer Muskeldystrophie die Muskeln. Sie schrumpfen und sterben ab und werden von Fett oder Narbengewebe ersetzt. Es gibt noch andere Formen eines solchen Muskelschwundes.

Gesunder Muskel   **Muskelschwund**

Zum Weiterlesen 52–53

Die Haut

Die Haut ist das größte und schwerste Organ unseres Körpers. Beim Erwachsenen ist sie fast 2 m² groß und wiegt bis zu 4 kg. Die Dicke schwankt von 0,5 mm an den Augenliedern bis zu 5 mm an den Fußsohlen. Die Haut verleiht dem Körper die äußere Form und verhindert, dass Schmutz, Wasser, Krankheitskeime und schädliche Sonnenstrahlen in sie eindringen. Sie schützt uns vor Schlägen und vor Wasserverlust. Sie ist auch das wichtigste Organ zur Regelung der Körpertemperatur: Bei Kälte zieht sie sich zusammen, um Wärmeverluste zu vermeiden. Beim Schwitzen gibt sie Wasser ab, das verdunstet und kühlt. Die Haut enthält auch Sinnesorgane für Temperatur, Berührung und Schmerz.

Fingerabdruck

Die Hautleisten an den Fingerspitzen zeigen ein erblich festgelegtes Muster, das für jeden Menschen einzigartig ist. Es gibt keine zwei gleichen Fingerabdrücke. Sie bleiben ein Leben lang bestehen, obwohl sich die Haut ständig erneuert.

Nagelbett

Nagel

Fett-schicht

Knochen

In den Fingerspitzen

Der Fingernagel wächst vom Nagelbett aus und ist vom Nagelfalz umgeben. Der Nagel selbst besteht wie die Haare aus totem, verhorntem Gewebe.

Ein Haar fällt aus

Haare, Nägel und abgestorbene Zellen der Hautoberfläche bestehen aus dem Protein Keratin (Horn). Ein Kopfhaar (oben) lebt durchschnittlich drei Jahre. Dann fällt es aus und wird durch ein neues ersetzt.

Haartypen

Krauses Haar sieht unter dem Mikroskop im Querschnitt rechteckig aus. Gewelltes Haar hat einen ovalen Querschnitt, bei glattem Haar ist der Querschnitt rund. Die Farbe des Haares und der Haut wird vom dunklen Farbstoff Melanin bestimmt.

Kraus **Gewellt** **Glatt**

Blick in die Haut

Auf diesem vergrößerten Schnitt durch die Haut sieht man die zwei wichtigsten Schichten: die Oberhaut oder Epidermis aus widerstandsfähigen Zellen und die Lederhaut mit Sinnesorganen, Blutgefäßen und Nerven. Die verhornte oberste Zellschicht schilfert ab und wird dauernd erneuert.

Oberhaut

DIE HAUTFARBE

Mikroskopisch kleine Körner eines dunklen Farbstoffs, des Melanins, bestimmen die Hautfarbe. Das Melanin wird von besonderen Zellen (Melanozyten) produziert, die an der Unterseite der Oberhaut liegen. Die Hautfarbe ist erblich festgelegt. Wenn man die Haut der Sonne aussetzt, dunkelt sie stark nach, weil als Schutz gegen die ultravioletten Sonnenstrahlen mehr Melanin eingelagert wird. Zu viel Sonnenlicht kann nicht nur zu Sonnenbrand führen, sondern verursacht auch Hautkrebs.

Dunkel   Oliv   Hell

Talgdrüse

Haarfollikel

Haar

Schweißdrüse

Fett

Sehen

Der Mensch hat fünf Hauptsinnesorgane, die ihm Informationen über die Außenwelt liefern: die Augen, die Ohren, den Geruchs- und Geschmackssinn sowie den Tastsinn. Am wichtigsten ist für uns der Gesichtssinn. Zwei Drittel aller Informationen, die das Gehirn verarbeitet, stammen von den Augen. Licht fällt durch die gewölbte, durchsichtige Hornhaut ein und dringt durch die Pupille. Dieses Augenloch ist von einem Muskelring umgeben, der Iris oder Regenbogenhaut. Die Linse bricht die Strahlen so, dass sie auf der Netzhaut ein scharfes Bild erzeugen. Dort liegen ungefähr 130 Millionen lichtempfindliche Zellen. Sie werden vom eintreffenden Licht gereizt und senden Informationen darüber durch den Sehnerv in das Gehirn. Das Bild auf der Netzhaut steht auf dem Kopf. Im Gehirn wird es umgedreht, sodass wir es seitenrichtig „sehen".

Hell und dunkel
Die Iris regelt die Öffnung der Pupille. Bei viel Licht verkleinert sie sich (links), damit die Netzhaut keinen Schaden nimmt. Bei Dämmerlicht öffnet sich die Pupille weit (rechts), um möglichst viel Licht einzulassen.

Ein Bild der Netzhaut
Der Augenarzt sieht mit einem Augenspiegel ins Auge. Dabei erkennt er die Netzhaut und die sie versorgenden Blutgefäße (links). Der Arzt kann dabei auch Augenerkrankungen feststellen.

Sehnerv

Augenmuskel

Netzhaut

Zellen zum Sehen
In der Netzhaut liegen lichtempfindliche Zellen. Die Stäbchen (gelb) nehmen nur Grautöne wahr, dies aber auch im Dämmerlicht. Mit den Zapfen (blau) sehen wir bei genügend Licht Farben und alle Einzelheiten.

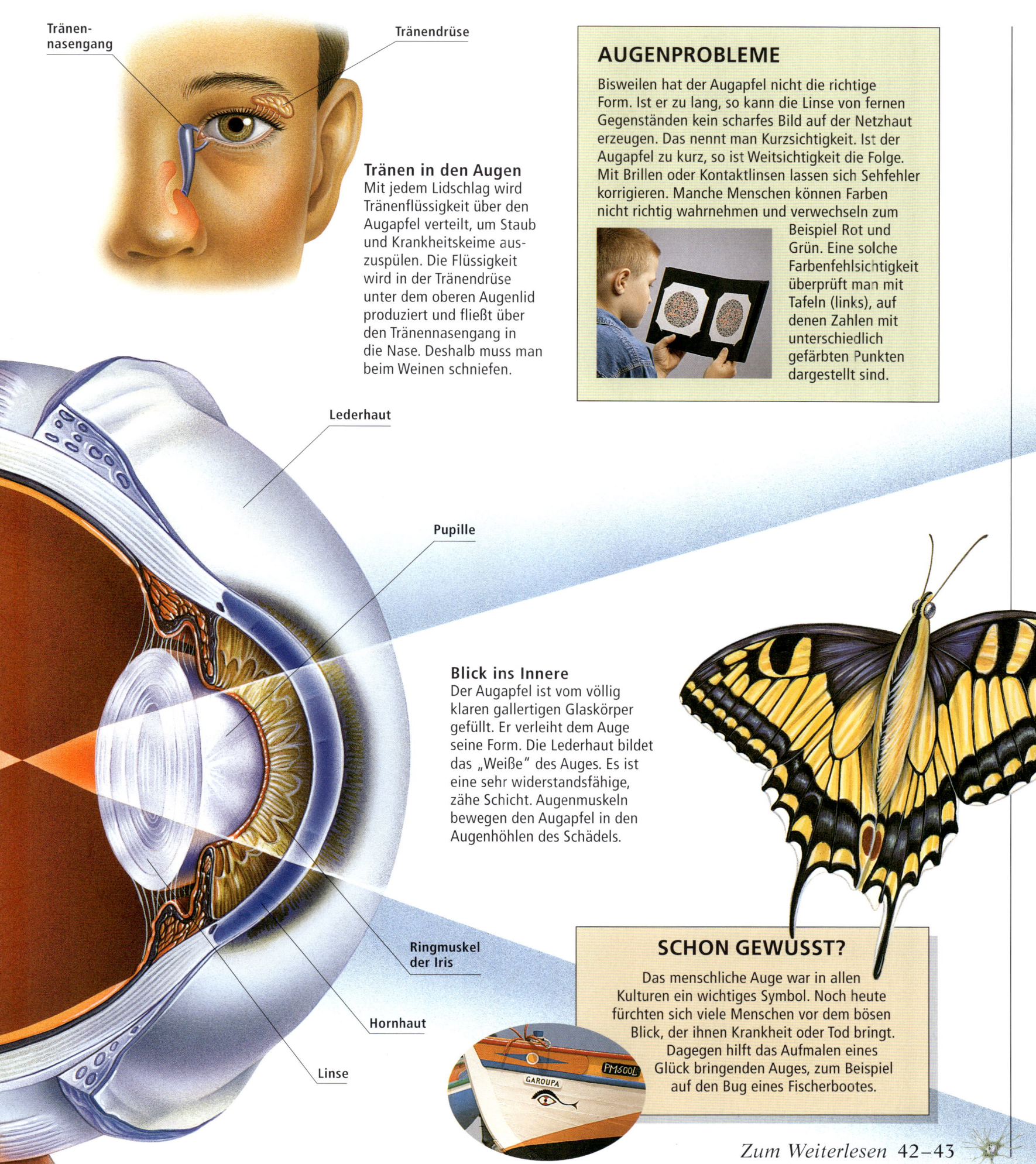

Tränen-
nasengang

Tränendrüse

Tränen in den Augen

Mit jedem Lidschlag wird
Tränenflüssigkeit über den
Augapfel verteilt, um Staub
und Krankheitskeime aus-
zuspülen. Die Flüssigkeit
wird in der Tränendrüse
unter dem oberen Augenlid
produziert und fließt über
den Tränennasengang in
die Nase. Deshalb muss man
beim Weinen schniefen.

AUGENPROBLEME

Bisweilen hat der Augapfel nicht die richtige
Form. Ist er zu lang, so kann die Linse von fernen
Gegenständen kein scharfes Bild auf der Netzhaut
erzeugen. Das nennt man Kurzsichtigkeit. Ist der
Augapfel zu kurz, so ist Weitsichtigkeit die Folge.
Mit Brillen oder Kontaktlinsen lassen sich Sehfehler
korrigieren. Manche Menschen können Farben
nicht richtig wahrnehmen und verwechseln zum

Beispiel Rot und
Grün. Eine solche
Farbenfehlsichtigkeit
überprüft man mit
Tafeln (links), auf
denen Zahlen mit
unterschiedlich
gefärbten Punkten
dargestellt sind.

Lederhaut

Pupille

Blick ins Innere

Der Augapfel ist vom völlig
klaren gallertigen Glaskörper
gefüllt. Er verleiht dem Auge
seine Form. Die Lederhaut bildet
das „Weiße" des Auges. Es ist
eine sehr widerstandsfähige,
zähe Schicht. Augenmuskeln
bewegen den Augapfel in den
Augenhöhlen des Schädels.

Ringmuskel
der Iris

Hornhaut

Linse

SCHON GEWUSST?

Das menschliche Auge war in allen
Kulturen ein wichtiges Symbol. Noch heute
fürchten sich viele Menschen vor dem bösen
Blick, der ihnen Krankheit oder Tod bringt.
Dagegen hilft das Aufmalen eines
Glück bringenden Auges, zum Beispiel
auf den Bug eines Fischerbootes.

Zum Weiterlesen 42–43

Hören

Töne und Geräusche erzeugen Schwingungen in der Luft. Diese breiten sich als Schallwellen aus. Wir nehmen die Schallwellen mit dem Ohr wahr. Die Ohrmuschel lenkt den ankommenden Schall durch das Außenohr auf das Trommelfell, das dadurch in Schwingung gerät. An der Innenseite des Trommelfells liegt ein kleiner Knochen an, der Hammer. Er gibt die auftreffenden Schwingungen über zwei weitere Gehörknöchelchen, den Amboss und den Steigbügel, an das ovale Fenster weiter. Von dort ziehen die Schwingungen in die flüssigkeitsgefüllte Schnecke, wo sie mikroskopisch feine Haare der Hörzellen in Bewegung versetzen. Die Bewegungen erzeugen Impulse, die vom Hörnerv in das Gehirn geleitet werden. Erst im Gehirn unterscheiden wir, ob es sich dabei um Musik, Lärm oder Sprache handelt.

Normaldruck
Das Mittelohr liegt hinter dem Trommelfell. Die eustachische Röhre stellt über den Rachen die Verbindung nach außen her.

Druckabfall
In großer Höhe ist der Außendruck geringer und das Trommelfell wölbt sich nach außen. Der Druckausgleich erfolgt über die eustachische Röhre.

Druckanstieg
Bei erhöhtem Außendruck, etwa unter Wasser, muss man mit heftigen Schluckbewegungen für den Druckausgleich sorgen.

Außen- und Innenohr
Der Gehörgang oder das Außenohr ist etwa 3 cm lang. Die empfindlichen Teile, das Mittel- und Innenohr, liegen also tief innen im Kopf, fast hinter den Augen, und sind von den Schädelknochen geschützt.

Mensch: 20–20 000

Hund: 15–50 000

Schwingungen pro Sekunde (Hz)

Fledermaus: 1000–120 000

| 0 | 100 | 1000 | 10 000 | 100 000 |

Verschiedene Frequenzen
Die Höhe oder Frequenz eines Tones wird in Schwingungen pro Sekunde (Hertz, abgekürzt Hz) angegeben. Wir Menschen hören Töne von 20–20 000 Hertz. Fledermäuse hören noch sehr hohen Ultraschall.

Blick ins Ohr
Das Außenohr lenkt die Schallwellen auf das Trommelfell. Die Gehörknöchelchen übertragen die Schwingungen auf das ovale Fenster. In der Schnecke werden die Schwingungen in elektrische Impulse umgewandelt.

Hammer

Amboss

Bogengänge

Ovales Fenster

Steigbügel

Schnecke

Mittelohr

Außenohr

Trommelfell

Eustachische Röhre

BALANCEAKT

Balancieren ist schwierig, denn dabei sind mehrere Sinne, das Gehirn und natürlich die Muskeln beteiligt. Die flüssigkeitsgefüllten Bogengänge des Innenohrs nehmen Lageveränderungen des Körpers wahr. Auch die Augen und Sensoren in den Muskeln und Gelenken liefern dem Gehirn Informationen über die Körperlage. Das Gehirn wertet diese sofort aus und sendet Befehle an die Muskeln, die Körperlage zu korrigieren. Dieses Zusammenspiel verlangt etwa das Turnen auf dem Schwebebalken.

Zum Weiterlesen 50–51

Riechnerven

Riechschleimhaut

Nasenhöhle

Mundhöhle

Rachen

Auf der Zungenspitze
Die Zunge ist von zahlreichen Ausstülpungen übersät, den Papillen. In deren Wänden befinden sich die Geschmacksknospen, mit denen wir die Nahrung überprüfen.

Schnüffeln
Beim Atmen durch die Nase gelangt Luft in die Nasenhöhle. Wenn wir die Luft durch Schnüffeln auf Düfte überprüfen wollen, muss sie an der Riechschleimhaut vorbeiziehen.

Haare für den Geruchssinn
Die linke und die rechte Riechschleimhaut enthält jeweils etwa 10 Millionen Zellen. Jede Zelle trägt am Ende ein Büschel aus bis zu 20 Riechhärchen. Diese können die vielen verschiedenen Gerüche unterscheiden. Wie das genau geschieht, weiß man noch nicht.

Schmecken

Der Geschmackssinn und der Geruchssinn funktionieren auf ähnliche Weise. Beide reagieren auf chemische Stoffe. Mit dem Geschmackssinn überprüfen wir unsere Nahrung. Beim Kauen lösen sich die Geschmacksstoffe im wässrigen Speichel. Über 8000 Geschmacksknospen auf der Zungenoberfläche nehmen diese Stoffe wahr. Jede Geschmacksknospe besteht aus bis zu 50 Sinneszellen, die ähnlich wie die Schnitze einer Orange angeordnet sind. Mit dem Geruchssinn nehmen wir chemische Stoffe in der Luft auf. Das Geruchsorgan ist die Riechschleimhaut in der Nase. Mit dem Geruchssinn können wir weit über 10 000 verschiedene Gerüche unterscheiden, während der Geschmackssinn nur vier Unterscheidungen umfasst. Wenn uns das Essen also „schmeckt", so „riecht" es eigentlich gut.

Haaa ...
Wir müssen niesen, wenn Staub, Tierhaare oder Pollen auf die Nasenschleimhaut gelangen und sie reizen.

... aaa ...
Rachen und Luftröhre werden geschlossen. Muskeln in Brust und Unterleib pressen die Lunge zusammen.

... tschi!
Luftröhre und Rachen machen wieder auf. Die Luft mit den Staubteilchen wird durch die Nase ausgestoßen.

Der Eindruck im Gehirn
Wenn die Geschmacksknospen der Zunge bestimmte Merkmale wahrnehmen, senden sie mit den Nerven elektrische Impulse an das Gehirn. Dieses empfängt die Signale und identifiziert den Geschmack. Geruchsinformationen ziehen über die Riechnerven und den Riechkolben zu den Riechzentren im Gehirn. Die Geschmacks- und die Geruchsempfindung entsteht also im Gehirn.

Riechzentren

Geschmacks-zentren

Riechkolben

Riechnerven

Nerven der Zunge und der Geschmacksknospen

Speicheldrüse

Speicheldrüse

Speicheldrüse

VIER GESCHMACKSQUALITÄTEN

Der Geschmack einer Speise kommt mehr durch den Geruchssinn als durch den Geschmackssinn zu Stande. Mit den Papillen können wir nur bitter, süß, sauer und salzig unterscheiden. Die entsprechenden Papillen sind auf der Zunge ungleichmäßig verteilt. Im Mund liegen weitere Sinnesorgane für Berührung und Druck, für Kälte und Wärme. Geschmack und Geruch betreffen verschiedene Sinne, doch das Gehirn gibt die Informationen darüber als Gesamteindruck wieder.

Bitter

Süß

Sauer

Salzig

Musik hören

Sprache verstehen

Augen geschlossen

Augen offen

Beim Denken zusehen
Mit der Positronen-Emissions-Tomografie (PET) kann man nachweisen, welche Gehirnregionen bei bestimmten Tätigkeiten am aktivsten sind. Man kann damit die Aufgaben der verschiedenen Hirnteile herausfinden.

Blutversorgung
In diesem Angiogramm sehen wir die Arterien, die das Gehirn mit Blut versorgen. Mit Gefäßbildern oder Angiogrammen kann man Hirnschläge oder Hirntumoren aufspüren. Wenn die Blutzufuhr zum Gehirn nur für wenige Minuten unterbrochen ist, stirbt es ab.

Kontrollzentrum

Das Gehirn ist das Kontrollzentrum des Körpers. Die Nervensignale von den Augen, den Ohren und den anderen Sinnesorganen gelangen ins Gehirn und werden dort sortiert und ausgewertet. Alle Signale informieren das Gehirn über die Bedingungen außerhalb des Körpers. Das Gehirn entscheidet, was zu unternehmen ist, und sendet seinerseits Nervenimpulse an die Muskeln. Auch viele Sensoren im Inneren des Körpers informieren das Gehirn, zum Beispiel über Temperatur und Druck des Blutes, über Sauerstoff- und Kohlendioxidgehalt, über Nährstoffe und Wassermenge. Das Gehirn steuert automatisch die Atmung, die Verdauung und weitere Prozesse. Wenn der Anteil der Nährstoffe in den Körperflüssigkeiten sinkt, dann bewirkt das Gehirn, dass wir uns hungrig fühlen. Mit dem Gehirn denken, fühlen und träumen wir.

Balken

Hirnrinde

Rechte Hirnhälfte

Linke Hirnhälfte

Hirnstamm

Kleinhirn

Rückenmark

SCHON GEWUSST?

Das Gehirn macht nur ein Fünfzigstel des gesamten Körpergewichts aus, verbraucht aber ein Fünftel der gesamten Energie. Dies bedeutet, dass das Gehirn zehnmal so energiehungrig ist wie die übrigen Körperteile – ob wir nun denken oder schlafen.

Blick ins Gehirn
Das Gehirn besteht aus zwei Hirnhälften oder Hemisphären. Sie sind über den Balken, ein Verbindungsstück mit 100 Millionen Nervenfasern, verbunden. Das bewusste Denken und die Gefühle haben ihren Sitz in der grauen Großhirnrinde. Das Kleinhirn steuert zum Beispiel die Bewegungen. Der Hirnstamm verbindet das Gehirn mit dem Rückenmark.

Fühlzentrum

Bewegungszentrum

Sehzentrum

Hörzentrum

Hirnzentren

Die Großhirnrinde sieht überall gleich aus, setzt sich aber aus mehreren Hirnzentren mit unterschiedlichen Aufgaben zusammen. Im Sehzentrum laufen Nervenimpulse von den Augen zusammen und werden dort analysiert. Der Seheindruck entsteht im Sehzentrum. Auch die anderen Sinne haben ihre eigenen Zentren. Es gibt zum Beispiel ein Fühlzentrum und ein Hörzentrum. Das Bewegungszentrum sendet Signale an die Muskeln des Körpers.

KLEIN UND KOMPLIZIERT

Das Fühl- und das Bewegungszentrum sind weiter unterteilt. Jeder Teil verarbeitet Informationen aus einem bestimmten Körperbereich. Die Größenbereiche entsprechen sich aber nicht. Kleine und sehr empfindliche Gebiete wie etwa die Lippen beanspruchen einen viel größeren Bereich des Hirnzentrums als zum Beispiel das ganze Bein!

Ellbogen Schulter Hals und Kopf
Unterarm Arm Rumpf Hüfte
Handgelenk Bein
Hand Fuß
Auge Geschlechtsorgane
Nase
Gesicht Finger
Zähne
Lippen **Fühlzentren**
Unterlippe
Kiefer
Zunge
Rachen
Unterleib

Rumpf Schulter
Hüfte Ellbogen
Knie Handgelenk
Hand
Fußgelenk Braue
Gesicht
Zehen Hals
Finger Auge
Bewegungszentren Lippen
Kiefer
Schlucken Zunge

Zum Weiterlesen 52–53

43

Heiße Füße
Vor langer Zeit glaubte man, die Nerven seien flüssigkeitsgefüllte Röhren, die bis zum Gehirn führen. Diese Flüssigkeit sollte Informationen weiterleiten. Wenn man sich den Fuß verbrannte, würde die Flüssigkeit das Gehirn veranlassen, ihn zurückzuziehen.

SCHON GEWUSST?

Wenn man längere Zeit in unbequemer Haltung sitzt, werden die Nerven und Blutgefäße eingeklemmt und nicht mehr mit Nährstoffen und Sauerstoff versorgt. Der betreffende Körperteil „schläft ein" und fühlt sich taub an. Ändert man die Körperhaltung, beginnt es zu „kribbeln".

Nervenbündel

Das Gehirn ist mit anderen Körperteilen über lange, dünne Verbindungsstränge, die Nerven, verbunden. Der größte Nerv ist das Rückenmark. Es besteht aus Millionen von Nervenzellen, die lange, drahtförmige Ausläufer entsenden. Das Rückenmark ist rund 45 Zentimeter lang und so dick wie ein Zeigefinger. Von ihm zweigen Nerven ab, die die Verbindung zur Haut, zu den Muskeln und den übrigen Körperteilen herstellen. Am oberen Ende ist das Rückenmark fest mit dem Gehirn verbunden, am unteren Ende fächert es sich in viele Nervenstränge auf, fast wie ein Pferdeschwanz. Die Billionen von Nervenzellen im Gehirn, im Rückenmark und in den Nerven selbst bilden ein Kommunikationsnetz, das winzige elektrische Impulse in Bruchteilen von Sekunden weiterleitet.

Ein Verbund aus Zellen

Jede Nervenzelle (Neuron) hat verzweigte Ausläufer (Dendriten), die an den Verbundstellen (Synapsen) Signale aus anderen Nervenzellen übernehmen. Das lang gestreckte Axon leitet sie an die nächste Nervenzelle weiter.

Zellkörper der Nervenzelle

Sprung über den Spalt

Nervenzellen sind an Synapsen trillionenfach miteinander verbunden. Sie berühren sich aber nicht, sondern sind durch einen synaptischen Spalt getrennt. Die Nervenimpulse überqueren diesen Spalt in Form chemischer Stoffe. Diese Neurotransmitter lösen im nächsten Nerv einen elektrischen Impuls aus.

Synaptischer Spalt

Axon

Dendrit

Synapse

Ein biegsamer Tunnel

Ein Tunnel, der von Hohlräumen in den Wirbeln gebildet wird, schützt das Rückenmark vor Verletzungen. Wie das Gehirn ist auch das Rückenmark von drei Schichten umgeben, den Ausläufern der Hirnhäute. Vom Rückenmark zweigen 31 Nervenpaare ab und versorgen alle übrigen Körperteile.

SCHNELLER ALS GEDACHT

Bisweilen reagiert unser Körper schneller als das Gehirn, um eine Gefahr zu vermeiden. Wenn ein Ball auf unseren Kopf zufliegt, schließen wir die Augen, drehen den Kopf weg und heben schützend die Arme. Eine solche automatische Reaktion heißt Reflex. An vielen Reflexen ist das Gehirn gar nicht beteiligt. Wenn wir etwas sehr Heißes anfassen, sendet die Haut Nervenimpulse an das Rückenmark. Dieses schickt sofort Befehle an die Armmuskeln, die Hand zurückzuziehen. Erst danach gelangt die Information an das Gehirn.

Kniesehnenreflex

Reflexhaftes Zurückziehen

Wirbel

Rückenmark

Nerv

Bandscheibe

Muttermilch
Die Hypophyse produziert mehrere Hormone, darunter auch das Oxytocin, das die Milchausschüttung der Brustdrüsen fördert.

Bartwuchs
Testosteron, das männliche Geschlechtshormon, wird in den Hoden hergestellt. Es ist für die tiefe Stimme und die Gesichtsbehaarung verantwortlich.

Mann   Frau

Hypophyse
Schilddrüse
Thymusdrüse
Nebennieren
Pankreas
Eierstöcke
Hoden

Hormondrüsen
Im Bild links sind die wichtigsten Hormondrüsen des Körpers dargestellt. Aber auch die Nieren, der Magen, der Darm, das Herz und andere Organe stellen eigene Hormone her.

Kalziumregelung
Auf der Schilddrüse liegen vier linsenförmige Nebenschilddrüsen, die das Hormon Parathormon herstellen. Dieses Hormon hebt den Spiegel von Kalziumsalzen (oben) im Blut und in den Knochen.

Adrenalinstoß!
Eine Fahrt mit der Achterbahn bringt das Herz zum Rasen. Der Blutdruck steigt, die Atmung beschleunigt sich, die Muskeln sind angespannt, die Pupillen geöffnet. All dies bewirkt das Adrenalin, ein Hormon der Nebennierenrinden. Es macht den Körper wach und bereitet ihn auf den Kampf oder die Flucht vor.

Hormone

Der Körper wird nicht nur vom Gehirn und den Nerven gesteuert. Die Steuerung der Körpervorgänge durch chemische Stoffe, die Hormone, erfolgt viel langsamer. Hormone regeln den Flüssigkeits- und Mineralstoffhaushalt des Körpers und das Wachstum. Bisher sind über fünfzig Hormone bekannt. Sie kreisen im Blut und regen bestimmte Gebiete des Körpers zur Tätigkeit an, zum Beispiel einzelne Organe oder Gewebe. Das Hormon der Schilddrüse, das Thyroxin, bestimmt, wie viel Energie die Zellen verbrauchen. Die Thymusdrüse beim Kind stellt Hormone her, die weiße Blutkörperchen zur Krankheitsabwehr anregen. Mit den Hormonen der Nebennieren regelt der Körper den Gehalt an Natrium und anderen Mineralsalzen. Besonders schnell wirkt das Nebennierenhormon Adrenalin, das bei Stress ausgeschüttet wird. Die erbsengroße Hypophyse, die direkt unter dem Gehirn liegt, steuert das gesamte Hormonsystem und stellt die Verbindung zum Gehirn und den Nerven her.

FEHLENDE HORMONE

Die Bauspeicheldrüse (Pankreas) stellt Verdauungsenzyme und Hormone her. Sie produziert auch Insulin, das den Blutzuckerspiegel steuert. Bei Insulinmangel kommt es zur Zuckerkrankheit (Diabetes), die unbehandelt schwere Formen annehmen kann. Zuckerkranke müssen ihren Zuckerspiegel regelmäßig überprüfen und sich die benötigte Menge Insulin spritzen.

Rot und heiß

Als Furunkel bezeichnen wir eine kleinräumige Entzündung in der Haut, die meist durch Infektion mit einem Krankheitserreger entstanden ist. Keime, weiße Blutkörperchen und Körperflüssigkeit treffen sich in einem Haarfollikel und bringen ihn zum Anschwellen. Dieser Furunkel enthält Eiter und kann platzen.

Zeichen der Abwehr

Wenn Keime ins Blut gelangen und sich dort vermehren, bewirken sie eine Infektion im ganzen Körper. Dieser reagiert darauf mit Fieber.

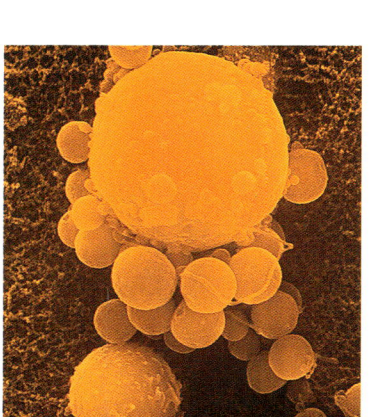

Überträger

Die Stechmücke saugt Blut und kann dabei Krankheitserreger ihrer früheren Opfer übertragen, zum Beispiel Malaria.

Auf verlorenem Posten

Die so genannten T-Lymphozyten spielen beim Immunsystem eine entscheidende Rolle. Einige unter ihnen, die Killerzellen (links), töten Keime ab, die bestimmte Antikörper tragen.

Verteidigung

Der Körper wird dauernd von allen Seiten angegriffen. Mikroskopische Keime wie Bakterien und Viren schweben in der Luft, dringen durch verletzte Stellen in die Haut ein und überziehen unser Essen und Trinken. Der Körper hat dagegen mehrere Arten der Verteidigung bereit. Schleimschichten und chemische Stoffe in Nase, Mund und Rachen, in Lunge und Darm fangen Krankheitskeime ein und töten sie ab. Zum Immunsystem gehören die weißen Blutkörperchen oder Lymphozyten. Sie stellen Antikörper her, die sich an Krankheitserreger heften und sie zum Absterben bringen. Auf eine Infektion reagiert der Körper auch mit einer Entzündung. Die befallenen Körperteile schwellen an, werden heiß und schmerzen, weil sich dort viele weiße Blutkörperchen treffen, um die eingedrungenen Keime zu zerstören.

Gesundheitspolizei

Große weiße Blutkörperchen, die Makrophagen, bewegen sich zu Millionen in Kapillaren und durch das Gewebe hindurch auf den Ort der Infektion zu. Sie suchen Keime und Reste von körpereigenen Zellen, die sie mit ihrem Zellleib umgeben und in sich aufnehmen. Ein Makrophage (unten) kann über 100 Bakterien „fressen".

SELTSAM, ABER WAHR

Es gibt enge Verbindungen zwischen dem Gehirn und dem Immunsystem. Tatsächlich sollen Menschen schon gestorben sein, als sie erfuhren, dass ein Medizinmann (oben) sie verflucht hat.

Rundumschutz

In den Lymphgefäßen und Lymphknoten, die über den ganzen Körper verteilt liegen, fließt eine hellgelbe Flüssigkeit, die Lymphe. Sie transportiert Nähr- und Abfallstoffe und ist für das Immunsystem wichtig.

GESTÖRTES IMMUNSYSTEM

Das Immunsystem des Körpers sorgt für die Abwehr von Krankheitserregern. Es wird vom HI-Virus (HIV) angegriffen. Dieses Virus zerstört vor allem die so genannten Helfer-T-Zellen. Erst nach Monaten oder Jahren führt eine Infektion durch HIV zu der erworbenen Immunschwäche Aids. Der Körper kommt dann gegen viele Krankheitskeime nicht mehr an. Der Patient erkrankt immer häufiger und stirbt schließlich zum Beispiel an Lungenentzündung.

Mit dem HI-Virus infizierte Zelle

Stumme Sprache

Taube Menschen können nicht hören und haben deshalb Schwierigkeiten beim Sprechen. Sie verwenden eine Zeichensprache. Mit der Stellung der Finger und Hände drücken sie Buchstaben, Buchstabengruppen, Wörter, Sätze und andere Informationen aus (links).

Buchstaben und Wörter

Es gibt über 2000 Schriftsprachen. Bei den meisten bezeichnen die Buchstaben einzelne Laute. Die Schriftzüge rechts bedeuten in verschiedenen Sprachen, unter anderem in englischer Blindenschrift, „der menschliche Körper".

.⠃: .⠃⠊⠆⠆⠰ ⠆ .⠆ ⠊⠆⠆⠆
Blindenschrift (englisch)

ΤΟ ΑΝθΡΩΠΙΝΟΝ ΣΩΜΑ
Griechisch

ТЕЛО ЧЕЛОВЕКА
Russisch

人體
Chinesisch

Kommunikation

Die Menschen tauschen mit Tönen, Lauten und Bewegungen des Körpers jeden Tag Informationen aus. Man nennt das allgemein Kommunikation. Am einfachsten geschieht dies mit der Sprache: Spezielle Laute bedeuten dabei Gegenstände, Handlungen, Zahlen und vieles andere mehr. Die Wörter speichern wir im Gehirn, bringen sie in die richtige Ordnung und Form und produzieren schließlich mit dem Kehlkopf und dem Mund die entsprechenden Laute. Stumme Menschen benutzen eine besondere Zeichensprache und auch Gehörlose können diese Zeichen verstehen. Taubstumme lernen auch gesprochene Wörter von den Lippen abzulesen. Die geschriebene Sprache verwendet Buchstaben als Zeichen für Laute. Innere Stimmungen und Gefühle drücken wir vor allem durch Bewegungen und auch durch die Körperhaltung aus.

Die Laute

Die Laute entstehen im Mund; Zunge, Wangen, Zähne und Lippen sind daran beteiligt. Viele Laute gehören nicht zur Sprache, zum Beispiel das fröhliche Lachen oder das traurige Schluchzen.

aa

ii

oo

mm

Sprechen

Die Töne, die wir für die Sprache brauchen, entstehen im Kehlkopf am oberen Ende der Luftröhre. Dort befinden sich zwei Stimmbänder. Beim Atmen fließt die Luft lautlos durch eine breite Spalte. Beim Sprechen nähern Muskeln die Stimmbänder einander an. Die hindurchstömende Luft versetzt sie in Schwingungen: Dabei entstehen Schallwellen.

KÖRPERSPRACHE

Kommunikation kann auch ohne Worte erfolgen. Ein Lächeln bedeutet Offenheit und Fröhlichkeit. Herabgezogene Mundwinkel und Tränen in den Augen verstehen alle Menschen als Traurigkeit. Zur Körpersprache gehört die Mimik des Gesichts, die Gestik der Hände sowie die allgemeine Körperhaltung. Die Körpersprache erfolgt meistens unbewusst und kann damit sogar der gesprochenen Sprache widersprechen.

Kehlkopf

Stimmbänder

Luftröhre

Bewegung

Unser Körper ist dauernd in Bewegung. Selbst wenn wir schlafen, werden Sauerstoff, Nährstoffe und andere Stoffe im Körper verteilt. Die Zellen wachsen und vermehren sich. Das Herz pumpt Blut durch die Adern und auch die Lunge und der Magen arbeiten. Im Wachzustand kommen noch die Bewegungen der Skelettmuskeln hinzu. Deren Steuerung übernimmt das Gehirn. Die Muskeln selbst benötigen Sauerstoff und Zucker, die das Blut heranschaffen muss. Dazu müssen die Lungen wiederum mehr Sauerstoff aufnehmen. Im Gegensatz zu den Tieren ist der Mensch nicht an bestimmte Fortbewegungsweisen angepasst. Säuger wie die Delfine können schwimmen, Wölfe laufen, Fledermäuse fliegen. Der menschliche Körper ist nicht spezialisiert und deswegen sind wir in der Lage, alle möglichen Bewegungsarten zu erlernen. Wir können laufen, kriechen, klettern, schwimmen – und mit Hilfe unserer Erfindungsgabe können wir sogar fliegen.

Hilfsmittel

Manche Menschen sind von Geburt an, durch Verletzung oder durch Krankheit behindert. Mit Rollstühlen oder anderen Hilfsmitteln sind sie einigermaßen unabhängig und nehmen sogar an Sportveranstaltungen teil.

Schwimmen und Tauchen

Delfine bewegen den Schwanz auf und ab und erreichen dabei hohe Geschwindigkeiten. Auch wir können unter Wasser schwimmen. Für längere Tauchgänge brauchen wir aber einen Lungenautomaten.

Spurt

Der Gepard ist das schnellste Säugetier. Mit seinem ganzen Körperbau ist er an Hochgeschwindigkeitssprints angepasst. Auch wir Menschen sind auf kurze Strecken recht schnell, doch der Gepard lässt uns weit hinter sich.

In der Luft
Vögel sind sehr leicht gebaut, haben ein Federkleid und kräftige Brustmuskeln. Wir brauchen zum Fliegen eine technische Ausrüstung, zum Beispiel einen Drachen.

In der Senkrechten
Faultiere hängen den ganzen Tag in den Bäumen. Mit hakenartigen Krallen halten sie sich überall fest. Auch der Mensch ist ein guter Kletterer, sichert sich aber mit Haken und Seilen.

SCHLAFFORSCHUNG
Der Mensch verschläft rund ein Drittel seines Lebens; Schlaf ist für ihn lebensnotwendig. An Schlafentzug stirbt man früher als an Hunger. Manche Organe reduzieren während des Schlafes ihre Tätigkeit, zum Beispiel die Skelettmuskeln, die sich völlig entspannen. Die meisten Organe arbeiten normal weiter, um das Leben aufrechtzuerhalten, vor allem Herz, Lunge, Darm und Nieren. Auch das Gehirn produziert weiterhin Millionen von Impulsen, die sich oft in Form von Träumen darstellen.

Zum Weiterlesen 58–59

53

Eine Riesenzelle
Die reife Eizelle ist eine der größten Zellen des menschlichen Körpers. Sie enthält viele Nährstoffe für die ersten Phasen der Entwicklung des Babys. Wie die Samenzelle besitzt auch die Eizelle nur einen einfachen Satz Chromosomen.

Weibliche Geschlechtsorgane
Jeden Monat reift ein Follikel heran und gibt das reife Ei in den Eileiter ab. Gleichzeitig verdickt sich die Gebärmutterschleimhaut und entwickelt viele Blutgefäße. Sie nimmt das befruchtete Ei auf. Diesen Vorgang nennen wir Einnistung. Erfolgt keine Befruchtung, so stößt die Gebärmutter die verdickte Schleimhaut ab, die den Körper durch die Scheide verlässt. Die dabei auftretende Blutung bezeichnen wir als Menstruation.

Beginn des Lebens

Die deutlichsten Unterschiede zwischen Mann und Frau bestehen im Fortpflanzungssystem. Die weiblichen Fortpflanzungsorgane liegen geschützt im Unterleib. Die Eierstöcke produzieren Follikel, die jeweils ein reifes Ei freigeben, das durch den Eileiter zur Gebärmutter wandert. Die wichtigsten Geschlechtsorgane des Mannes sind von außen deutlich zu sehen. Die Hoden produzieren Samenzellen, die der Mann mit dem Penis in die weibliche Scheide bringen kann. Eizelle und Samenzelle enthalten zusammen alle Informationen, die notwendig für den Aufbau eines neuen Menschen sind. Diese liegen in Form von Genen als Abschnitte der Desoxyribonukleinsäure (DNS) vor.

SCHON GEWUSST?
Um den menschlichen Körper aufzubauen, sind 100 000 bis 200 000 Informationen und damit Gene erforderlich.

Eileiter

Gebärmutter

Follikel

Eierstock

Harnblase

Lage der Geschlechtsorgane bei der Frau

Harnröhre

Scheide

Alte Zeichen
Seit jeher wissen die Menschen, dass Babys in der Gebärmutter der Frau heranwachsen. Die alten Ägypter stellten den Begriff „Gebärmutter" mit diesen Hieroglyphen dar.

DIE CHROMOSOMEN UND DAS ERBE

Jede Zelle enthält im Kern DNS-Moleküle mit allen Erb-
informationen. Die Moleküle bilden eine verdrehte Leiter
(Doppelhelix), deren Sprossen von vier verschiedenen
Stoffen gebildet werden. Die DNS befindet sich in den
Chromosomen. Jede einzelne Zelle enthält 23 Chromosomenpaare, die Samen und Eizellen aber nur jeweils
23 einfache Chromosomen. Bei der Befruchtung wird durch die Verschmelzung
von Ei- und Samenzellen der
doppelte Chromo-
somensatz wieder-
hergestellt.

Männliche Geschlechtsteile
In den Hoden teilen sich die Zellen
dauernd, sodass jeden Tag Millionen
von Samenzellen entstehen. Sie
werden im gewundenen Gang des
Nebenhodens gespeichert. Beim
Geschlechtsverkehr dringt der auf-
gerichtete, versteifte Penis in die
Scheide der Frau ein. Heftige Muskel-
kontraktionen sorgen für den Samen-
erguss. Dabei überträgt der Mann
seinen milchigen Samen, der ungefähr
400 Millionen Samenzellen enthält.

Unsichtbares wird sichtbar
Der Niederländer Antonie van
Leeuwenhoek konnte mit einem
selbst gebauten Mikroskop (unten)
die ersten Zellen sehen. 1673 entdeckte er die roten Blutkörperchen,
1677 die Samenfäden von Tieren,
die er auch zeichnete (links).

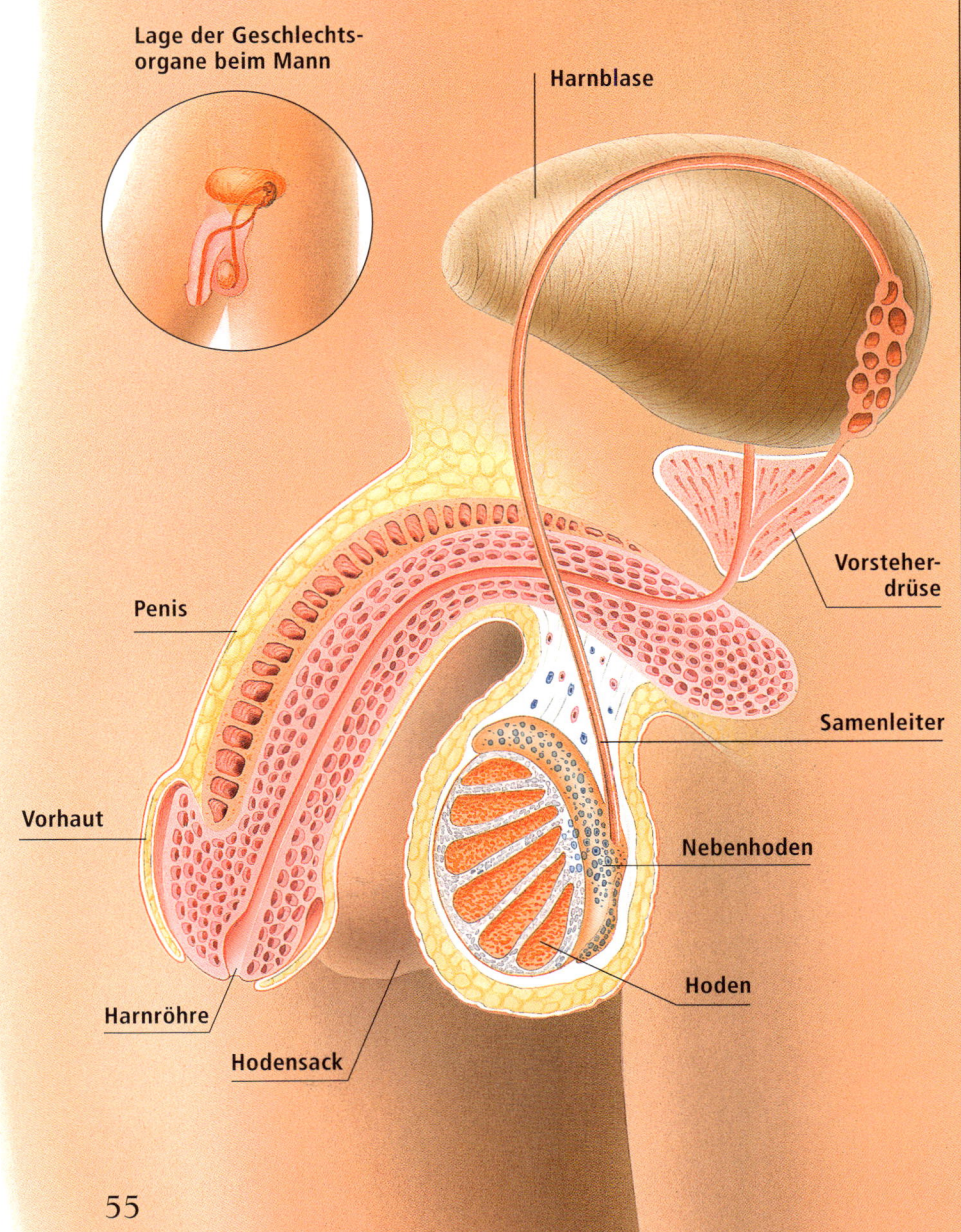

Lage der Geschlechts-
organe beim Mann

Harnblase

Penis

Vorhaut

Harnröhre

Hodensack

Vorsteher-
drüse

Samenleiter

Nebenhoden

Hoden

Elegante Schwimmer
Samenzellen ähneln mikroskopisch kleinen Kaulquappen.
Sie treiben sich durch Schwanzschläge vorwärts. Die
Chromosomen befinden sich vorne im verdickten Kopf.

55

Samenzelle trifft Eizelle
Hunderte von Samenzellen versammeln sich um die Eizelle im Eileiter. Aber nur einer einzigen Samenzelle gelingt die Verschmelzung und damit die Befruchtung.

Zellteilung
Das befruchtete Ei teilt sich in zwei Zellen. Diese teilen sich immer weiter. Nach wenigen Tagen ist eine Keimblase aus dutzenden von Zellen entstanden.

Der Embryo
Vier Wochen nach der Befruchtung sind schon Millionen von Zellen vorhanden. Der Embryo entwickelt Gewebe und Organe; das Herz beginnt schon zu schlagen.

Die Körperformen
Nach sechs Wochen hat der Embryo Arme und Beine. Der Kopf ist noch größer als der Körper und zeigt schon die Anlagen von Auge und Ohr.

Der Embryo

Bei der Befruchtung verschmelzen eine Samen- und eine Eizelle miteinander. Diese Keimzelle teilt sich mehrmals und bildet schließlich die Keimblase, die sich in der gut durchbluteten Gebärmutterschleimhaut einnistet. Damit beginnt die Schwangerschaft. Bis zur achten Entwicklungswoche spricht man vom Embryo. In dieser Zeit werden die wichtigsten Organsysteme angelegt. Nach drei Monaten sieht der Embryo schon menschenähnlich aus und wird als Fetus bezeichnet. In der flüssigkeitsgefüllten Gebärmutter ist er vor Erschütterungen geschützt und wächst innerhalb von neun Monaten zum fertigen Menschen heran. Das Kind kann im Bauch der Mutter weder atmen noch essen. Den nötigen Sauerstoff und die Nährstoffe erhält es vom Blut der Mutter über den Mutterkuchen oder die Plazenta, einem tellergroßen Organ. Die Nabelschnur mit zwei Arterien und einer Vene stellt die Verbindung zum Kind her. Neun Monate nach der Befruchtung wird das Baby geboren, das im Durchschnitt 50 cm lang und 3,4 kg schwer ist.

SCHON GEWUSST?
Das Baby kommt mit über 350 Knochen auf die Welt. Viele verwachsen während der Kindheit und der Erwachsene hat schließlich nur noch rund 210 Knochen.

Wehen
Während der Wehen ziehen sich die Muskeln in der Gebärmutterwand zusammen. Sie treiben das Baby durch den Geburtskanal aus.

Eröffnung
Der breiteste Teil ist der Kopf des Babys. Der Muttermund der Gebärmutter öffnet sich und lässt das Baby mit dem Kopf voran hindurch.

Geburt
Die Muskeln der Gebärmutter ziehen sich weiter zusammen. Das Baby verlässt den warmen mütterlichen Körper mit dem Kopf voran durch die Scheide.

Der Fetus
Nach acht Wochen ist der Embryo daumen-
groß. Er heißt jetzt Fetus und sieht bereits
wie ein kleiner Mensch aus. In der zwölften
Woche hat er schon alle Organe.

Noch sechs Monate
Der Fetus ist jetzt ungefähr 6 cm lang.
Er schwimmt im Fruchtwasser im Inneren
der Gebärmutter, bewegt seine Hände
und Beine und hat manchmal sogar
Schluckauf. Bis zur Geburt wird der
Fetus größer und schwerer und bekommt
noch Augenbrauen und Fingernägel.

VERSCHIEDENE GENE

Jeder Mensch hat eine einzig-
artige Gen-Ausstattung. Eineiige
Zwillinge jedoch entwickeln sich
aus einem einzigen befruchteten
Ei. Deswegen haben sie auch
absolut identische Gene und
sehen einander vollkommen
ähnlich. Zweieiige Zwillinge sind
aus zwei verschiedenen Ei- und
Samenzellen hervorgegangen und
unterscheiden sich voneinander
wie normale Geschwister.

Heranwachsen

Groß und klein
Menschen mit einem Überschuss an Wachstumshormon werden übermäßig groß, während andere mit einem Mangel daran zu klein bleiben. Die Ärzte können heute Kleinwüchsigen mit Hormonkuren helfen.

In den ersten zwei Lebensjahren erfolgt das Wachstum am schnellsten. In dieser Zeit teilen sich die Zellen rasch. Danach geht es langsamer weiter. Gesteuert wird das Wachstum und die Zellteilung vom Wachstumshormon der erbsengroßen Hypophyse, die unterhalb des Gehirns liegt. Die Geschlechtshormone regeln die körperlichen und seelischen Veränderungen während der Pubertät, die beim Mädchen zwischen dem 10. und dem 14., bei Jungen zwischen dem 12. und 14. Lebensjahr eintritt. Mädchen entwickeln dann Brüste, rundere Hüften und andere weibliche Merkmale. Bei Jungen stellen sich der Stimmbruch und der Bartwuchs ein. Die endgültige Körpergröße wird von den Genen, aber auch von der Ernährung bestimmt. Während der Körper wächst, erlernt der Geist gleichzeitig tausende von Fähigkeiten, die wir im täglich Leben und im Umgang mit anderen Menschen brauchen.

David, 2 Jahre

Auf eigenen Füßen
Nach zwei Jahren verlangsamt sich das Wachstum. Die Kinder können nun schon laufen.

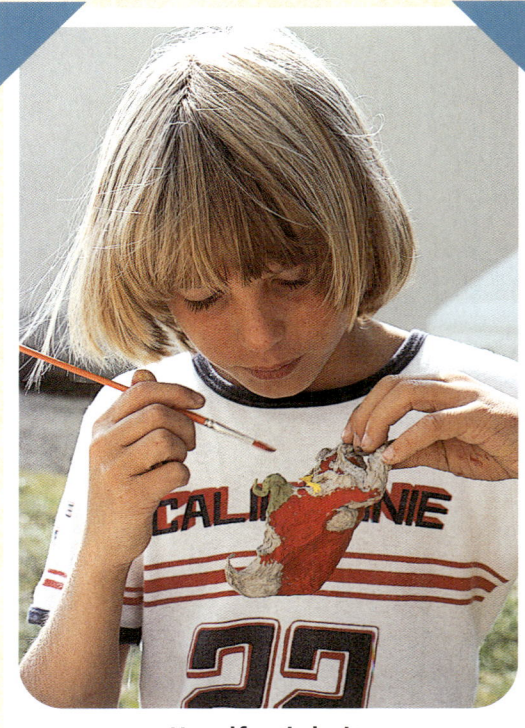

Erste Zähne
Im Alter von acht Monaten können Babys gezielt greifen und aufrecht sitzen. Die ersten Zähne brechen durch.

Handfertigkeit
Mit sieben Jahren können Kinder schon komplizierte Arbeiten erledigen. Sie beginnen eigenständig zu denken.

David, 6 Monate

David, 7 Jahre

ALTERN

Den Höhepunkt seiner körperlichen Leistungsfähigkeit erreicht der Mensch im Alter von etwa 20 Jahren. Danach beginnen Alterungsprozesse, die aber viele Jahre lang unbemerkt bleiben. Irgendwann zeigen sich dann erste Anzeichen des Alters: Einzelne Haare werden grau, die Haut bekommt Falten, die Reaktionen werden langsamer, die Muskelkraft nimmt ab, die Sinne funktionieren nicht mehr so gut und selbst das Gedächtnis und die Konzentrationsfähigkeit lassen nach. Diese Anzeichen sind jedoch individuell sehr verschieden und treten bei manchen Menschen oft erst spät auf.

Sam, 4 Jahre

Sam, 6 Jahre

Sam, 8 Jahre

Selbstporträts

Mit dem Lernen entwickelt der Mensch auch seine körperlichen und geistigen Fähigkeiten. Wer zeichnen will, muss mit Stiften oder Pinseln umgehen können. Daran sind Gehirn, Nerven, Handmuskeln und die Kontrolle durch die Augen beteiligt. Mit seinen Zeichnungen verrät das Kind, wie weit es seine Umwelt versteht.

David, 10 Jahre

Geistige Entwicklung

Mit etwa zehn Jahren erfolgt ein neuer Wachstumsschub. In dieser Zeit setzt die entscheidende geistige Entwicklung ein.

Pubertät

Mit 12 bis 14 Jahren beherrscht der junge Mensch alle Fertigkeiten. Nur der Körper verändert sich während der Pubertät noch.

David, 13 Jahre

David, 18 Jahre

Erwachsen

Im Alter von 18 bis 20 Jahren ist der Mensch körperlich voll ausgewachsen und gilt als Erwachsener.

Ersatzteile

Viele Körperteile lassen sich durch eine Prothese ersetzen. Ein solches künstliches Teil wird vor allem nach Unfällen oder Krankheiten notwendig. Es gibt sehr unterschiedliche Arten: Der myoelektrische Handersatz kann feine Bewegungen der Hände nachahmen; ein Glasauge hingegen verbessert nur das Aussehen. Prothesen werden auch eingesetzt, um noch vorhandene Körperteile zu stützen. So verbindet man gebrochene Knochen oft mit Metallplatten. Implantate werden in den Körper gebracht. Zu ihnen zählen etwa künstliche Hüftgelenke und Herzklappen. Bei einer Transplantation überträgt der Arzt Organe von einem Menschen auf den anderen. Bei Herzen und Nieren ist dies heute schon Routine. Von autogener Transplantation spricht man, wenn Organe bei ein und demselben Menschen auf eine andere Stelle übertragen werden. Dies ist vor allem bei der Haut möglich.

Eine Pumpe aus Metall
Bei manchen Menschen ist das Herz sehr geschwächt. Die Mediziner entwickelten künstliche Pumpen, die für kurze Zeit die Tätigkeit des Herzens übernehmen können.

Künstliches Hüftgelenk
Der Gelenkkopf des künstlichen Hüftgelenks ist eine Titankugel mit einem langen Dorn, der mit dem Hüftknochen verbunden wird. Die Gelenkpfanne besteht aus einem Plastiksockel, der in den Beckenknochen einzementiert wird.

Augenkorrektur
Viele Menschen tragen an Stelle einer Brille Kontaktlinsen. Diese fallen weniger auf als Brillengläser.

Plastikauge
Gelegentlich müssen die Ärzte einen erkrankten Augapfel entfernen, um eine Krebserkrankung an der Ausbreitung zu hindern. Die modernen Plastikaugen sehen sehr naturgetreu aus, doch kann man mit ihnen nicht sehen.

Laut und deutlich
Elektroniker haben Hörgeräte (links) entwickelt, die teilweise als Implantate ins Ohr eingesetzt werden. Sie verstärken die Schallwellen und machen es möglich, dass Schwerhörige wieder hören.

Handersatz
Die myoelektrische Hand hat einen Elektromotor, der die Finger bewegt. Man kann damit auch kleine, zarte Gegenstände greifen. Sensoren nehmen Signale in den entsprechenden Nerven wahr und setzen sie in Bewegungen um.

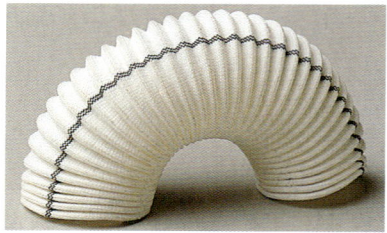

Eine neue Arterie
Kranke oder beschädigte Arterien ersetzt man durch Plastikröhren (oben). Die Innenseite ist beschichtet, damit sich keine Blutkörperchen daran festsetzen.

Biegsame eiserne Hand

Glasauge

Steifes Holzbein

EINE LANGE GESCHICHTE

Seit Jahrtausenden bauen die Menschen Ersatzteile für verlorene Gliedmaßen und andere Körperteile. Die ersten falschen Zähne stellten die Ägypter aus Hauern von Flusspferden her. Dann nahm man anderes Elfenbein, Holz und auch Gold. Steife künstliche Arme und Beine wurden zuerst aus Holz angefertigt. Später bauten Handwerker biegsame künstliche Gliedmaßen mit Scharnieren, Hebeln und sogar Rädern. Am berühmtesten ist wohl die eiserne Hand des Götz von Berlichingen. Schon die alten Ägypter schoren sich die Haare und trugen Perücken. Später verbarg man damit die eigene Kahlköpfigkeit.

Perücke, 17. Jahrhundert

Eine hilfreiche Maschine

Maschinen können zeitweise Körperfunktionen übernehmen. Wenn die Nieren nicht mehr richtig arbeiten, filtert ein Dialyseapparat die Abfallstoffe aus dem Blut heraus. Der Blutkreislauf des Patienten wird dabei mit Schläuchen an die Maschine angeschlossen.

Eine zweite Haut

Verbrannte oder sonst wie zerstörte Haut ersetzen die Chirurgen durch gesunde Haut von anderen Körperstellen. Man hat auch eine künstliche Haut entwickelt, unter der die natürliche Haut langsam ausheilen kann.

Falsches Gebiss

Dentaltechniker formen aus hartem Kunststoff und Keramik die so genannten „dritten Zähne", ein künstliches Gebiss.

Hightech im Bein

Die modernste Beinprothese hat ein voll funktionierendes Kniegelenk und einen hölzernen künstlichen Fuß – ein großer Fortschritt gegenüber dem Holzbein der Piraten vor 300 Jahren.

Fachbegriffe

Innenohr

Zähne

Hormondrüsen

Blutgruppen

Bizeps, kontrahiert

Absorbieren Wenn eine Zelle oder ein Gewebe einen Stoff oder eine Strahlung in sich aufnimmt, spricht man von „absorbieren". Das Blut absorbiert in der Lunge den Sauerstoff.

Allergie Überempfindlichkeit gegenüber bestimmten Stoffen. Als Auslöser kommen beispielsweise Medikamente, Waschmittel, Metalle, Erdbeeren, Tierhaare und besonders Blütenstaub (Heuschnupfen) in Frage.

Aminosäuren Die Bausteine aller Proteine.

Anatomie Die Wissenschaft vom inneren Aufbau des Körpers.

Angiogramm Ein besonderes Röntgenbild, auf dem die Blutgefäße, vor allem die Arterien, scharf abgebildet sind.

Antibiotika Chemische Stoffe, die von Schimmelpilzen gebildet oder künstlich hergestellt werden und Bakterien abtöten oder im Wachstum hemmen.

Aorta Die Hauptschlagader des Körpers.

Arterie Schlagader. Ein Blutgefäß, in dem das Blut vom Herzen in die Organe und in das Gewebe strömt. Die Arterien enthalten hellrotes, sauerstoffreiches Blut (Ausnahme Lungenarterie).

Blutplasma Der flüssige Anteil des Blutes. Das Plasma ist eine hellgelbe Flüssigkeit ohne Blutkörperchen.

Chromosom Chromosomen enthalten die Erbsubstanz Desoxyribonukleinsäure (DNS). Der Mensch hat in jeder Zelle 22 Chromosomenpaare und zwei Geschlechtschromosomen. Sie werden nur während einer bestimmten Phase der Zellteilung als stäbchenförmige Gebilde sichtbar.

Desoxyribonukleinsäure Fadenförmige chemische Verbindung (DNS), die das Erbgut fast aller Lebewesen verschlüsselt enthält. Die DNS in den Chromosomen setzt sich aus vier Basen zusammen. Diese bilden den genetischen Code, der den Buchstaben eines Alphabets vergleichbar ist und viele Kombinationen für das Erbgut zulässt.

Drüse Körperteile, die bestimmte Wirkstoffe produzieren. Die meisten Drüsen geben diese Stoffe nach außen ab, die Schweißdrüsen zum Beispiel an die Hautoberfläche, die Leber in den Dünndarm. Die endokrinen Drüsen entleeren ihre Stoffe in den Blutkreislauf. Wir bezeichnen diese auch als Hormondrüsen, zu denen etwa die Schilddrüse zählt.

Eiter Wenn Krankheitserreger durch eine Wunde in den Körper gelangen, werden sie sofort von weißen Blutkörperchen bekämpft. Zusammen mit zerfallenen Geweberesten und abgestorbenen weißen Blutkörperchen bilden sie den Eiter.

Embryo Das werdende Kind im Mutterleib bis zur achten Schwangerschaftswoche. Danach spricht man vom Fetus.

Enzyme Enzyme sind Wirkstoffe, die in lebenden Zellen entstehen. Sie setzen bestimmte chemische Reaktionen in Gang oder beschleunigen sie und wirken dabei als biologische Katalysatoren. Jedes Enzym ist nur für eine einzige chemische Reaktion zuständig. Es gibt mehr als 5000 solcher Enzyme.

Fetus Die Bezeichnung für das werdende Kind von der neunten Schwangerschaftswoche an bis zur Geburt.

Gen Ein Erbmerkmal in den Chromosomen. Das Gen entspricht einem bestimmen Abschnitt auf der Desoxyribonukleinsäure. Die Gene entscheiden darüber, wie sich der menschliche Körper entwickelt, wächst und funktioniert.

Gewebe Ein Verband von Zellen mit gleicher Aufgabe. Am weitesten verbreitet im Körper ist das Muskelgewebe.

Hirnhaut Das Gehirn und das Rückenmark werden von drei Häuten vor Einflüssen von außen geschützt: von der harten und der weichen Hirnhaut und der Spinngewebehaut dazwischen.

Hormone Von bestimmten Drüsen des Körpers hergestellte Wirk- oder Botenstoffe. Die Hormone gelangen in die Blut- oder Lymphbahn und steuern die Funktion anderer Organe. Das Hormonsystem stellt neben dem Nervensystem eines der beiden Regelsysteme des Körpers dar.

Immunität Unempfindlichkeit des Körpers gegenüber Krankheitserregern. Eine Immunität ist dann gegeben, wenn die entsprechenden Antikörper bereits vorhanden sind. Durch Impfung erwirbt man eine Immunität gegen bestimmte Krankheitserreger.

Infektion Das Eindringen eines Krankheitserregers oder Keimes in den Körper. Als Reaktion darauf kommt es meist zu einer Entzündung, wobei die entzündete Stelle heiß und rot wird und anschwillt.

Kapillaren Winzige Blutgefäße, in denen der Gas- und Stoffaustausch erfolgt. Die Kapillaren verbinden die Arterien und die Venen.

Knorpel Ein glattes, biegsames und sehr widerstandsfähiges Gewebe. Aus Knorpel bestehen zum Beispiel die Ohrmuscheln und die Bandscheiben.

Kollagen Ein Protein zur Verstärkung von Bindegeweben. Kollagenfasern sind sehr zugfest. Sehnen bestehen ausschließlich aus Kollagenfasern.

Lymphe Körperflüssigkeit, die aus dem Körpergewebe und den Kapillaren stammt. Ihre Zusammensetzung ist ähnlich wie die des Plasmas. Lymphe enthält weiße Blutkörperchen zur Krankheitsabwehr. Sie kreist in Lymphgefäßen, die im ganzen Körper 500 bis 600 Lymphknoten bilden.

Lysosomen Winzige Körperchen im Inneren von Zellen, die andere Stoffe abbauen und sie verdauen.

Membran Grenzfläche oder Haut. Das Häutchen, das die Zelle umgibt, ist die Zellmembran. Auch das Trommelfell ist eine Membran.

Mitochondrien Winzige, meist wurstförmige Körperchen im Inneren von Zellen. Die Mitochondrien sind die Kraftwerke der Zellen, weil sie durch den Abbau von Zucker Energie gewinnen.

Nerv Langes, dünnes Organ, das elektrische Impulse weiterleitet. Ein Nerv besteht aus Neuronen (Nervenzellen) und deren Ausläufern.

Neurotransmitter Chemische Stoffe, die an der Weiterleitung elektrischer Impulse in den Zellen beteiligt sind. Sie werden an den Synapsen wirksam, wo zwei Nervenzellen aufeinander treffen.

Nierenkörperchen Eine mikroskopisch kleine Einheit der Nieren, in denen der Harn ausgefiltert wird. Jede Niere enthält rund eine Million Nierenkörperchen oder Nephronen.

Physiologie Die Lehre von den normalen Lebensvorgängen und Funktionen des menschlichen Organismus.

Proteine Proteine oder Eiweiße sind große bis sehr große Moleküle, in denen Aminosäuren zu langen Ketten verbunden sind. Alle Zellen bauen sich aus Proteinen auf.

Prothese Künstlicher Körperteil.

Pubertät Der Eintritt in die Geschlechtsreife und der Übergang vom Heranwachsenden zum erwachsenen Menschen zwischen dem 10. und 14. Lebensjahr.

Reflex Unwillkürlich und regelhaft ablaufender Vorgang, der von einem Reiz ausgelöst wird. An den Reflexen ist das denkende Gehirn nicht beteiligt. Am bekanntesten ist der Kniesehnenreflex: Wenn man leicht auf die Sehne unterhalb der Kniescheibe schlägt, streckt sich das Bein von selbst.

Ribosomen Winzige kugelige Körperchen in einer Zelle, an denen die Proteinsynthese stattfindet.

Schleimhaut Oberflächenauskleidung vieler Organe, die stets feucht gehalten wird. Dafür sorgen Schleimstoffe, die die Verdunstung von Wasser herabsetzen.

Sehne Zugfester Strang aus Kollagenfasern, der die Muskeln mit den Knochen verbindet.

Sezieren Aufschneiden toter Körper von Tieren oder Menschen zu medizinischen Studien.

Synapse Schaltstelle zwischen zwei Nervenzellen. Die Überbrückung des synaptischen Spaltes erfolgt durch einen Neurotransmitter.

Tumor Medizinische Bezeichnung für eine Geschwulst. Jeder Krebs ist ein Tumor, aber längst nicht jeder Tumor ist auch ein Krebs.

Ultraschall Nicht mehr hörbare, hochfrequente Schallwellen, mit deren Hilfe man die Form und Lage innerer Organe abtasten kann.

Vene Blutgefäß, das sauerstoffarmes Blut zum Herzen zurückführt (Ausnahme Lungenvene).

Zelle Der Baustein des menschlichen Körpers und aller übrigen Lebewesen. Es gibt rund 200 verschiedene Zellarten, z. B. Nerven-, Haut-, Knochen- und Sinneszellen.

Zytoplasma Der Inhalt einer Zelle mit Ausnahme des Zellkerns.

Nervenzellen

Querschnitt durch das Gehirn

Scharniergelenk

Geburt

63

Register

A

Absorbieren 20, 62
Adrenalin 46
Aids 49
Akupunktur 6
Allergie 21, 62
Altern 59
Alveolen 20
Aminosäuren 26, 62
Anantomie 6–8, 62
Angiogramm 42, 62
Antibiotika 62
Antigene 19
Antikörper 48
Aorta 16, 62
Arme 28, 43, 56, 61
Arterien 16–18, 20, 21, 26, 32, 42, 60, 62
Asthma 21
Atmung 11, 20, 21, 42, 53
Augen 36, 37, 43, 60, 61
Ausscheidungssystem 11, 26

B–C

Bakterien 23, 48, 49
Bauchspeicheldrüse (Pankreas) 25–27, 47
Befruchtung 54, 56
Beine 28, 43, 56, 61
Bewegung 43, 52, 53
Bizeps 32, 33
Blut 10, 11, 16–20, 24–27, 31, 32, 46, 47, 52, 53
Blutgefäße 18, 25, 30, 31, 36, 39, 44
Bronchiolen 20
Cholesterin 25
Chromosomen 55, 62

D–E

Darm 12, 24–26, 46, 52, 53
Dendriten 45
Desoxyribonukleinsäure (DNS) 10, 54, 55, 62
Diabetes 47
Dialyse 27, 61
Dickdarm 24, 25
Drüsen 22, 24, 26, 46, 54, 62
Dünndarm 24–26
Eierstöcke 46, 54
Eileiter 54, 56
Eiter 48, 62
Eizelle 54–57
Embryo 16, 56, 57, 62
Enddarm 24, 25

Energie 22, 25, 42, 58
Enzyme 10, 22, 24, 62
Epidermis 34, 35
Eustachische Röhre 38, 39

F–G

Fett (Ernährung) 25, 26
Fett (Körper) 31, 35
Fetus 56, 57, 62
Fingerabdruck 34
Fingernagel 34
Fortpflanzungssystem 11, 54–57
Fruchtwasser 57
Furunkel 48
Galle 24–27
Gebärmutter 54–57
Gehirn 8, 11, 28, 36, 38–44, 46, 49, 50, 53
Gehör 36, 38, 39, 43
Gehörknöchelchen 38, 39
Gelenk 28, 29, 39
Gene 35, 54, 55, 57, 58, 62
Geruch 36, 40, 41
Geschlechtshormone 58
Geschmack 40, 41
Geschmacksknospen 40, 41
Gesichtssinn 36, 37, 43
Gewebe 11, 22, 25, 30, 46, 56, 62
Glaskörper 37

H–I

Haare 34, 35, 46, 58, 59
Hände 28, 43, 58, 60
Harn 26, 53
Harnleiter 26, 54, 55
Harnstoff 26
Haut 10, 15, 34, 35, 48, 59–61
Herz 11, 16–18, 21, 25, 32, 46, 52, 53, 56, 60
Herzkammer 16
Herzschlag 16, 18, 42
HI-Virus 49
Hirnhaut 45, 62
Hoden 46, 54, 55
Hormone 18, 46, 47, 58, 62
Hörnerv 38
Hornhaut 36, 37
Hypophyse 46, 58
Immunität 62
Immunsystem 31, 48, 49
Implantat 60
Infektion 48, 49, 62
Insulin 47
Iris 36, 37

K

Kapillaren 18–20, 63
Kehldeckel 23
Kehlkopf 50, 51
Keime 18, 19, 23, 48, 49
Keratin 34
Knochen 6, 10, 11, 15, 28–31, 39, 44, 56
Knochenmark 30, 31
Knorpel 10, 29, 31, 63
Kohlendioxid 18, 20, 42
Kollagen 30, 63
Kommunikation 50, 51, 58
Kontaktlinsen 37, 60
Körpergröße 58
Körpersprache 51
Körpertemperatur 34, 48
Kreislaufsystem 11, 17–19

L

Lautbildung 38, 39, 50, 51
Leber 11, 18, 24–26
Lederhaut 34, 37
Leukämie 31
Lippen 22, 43
Luftröhre 20, 21, 23, 50, 51
Lunge 11, 18, 20, 21, 32, 52, 53
Lungenbläschen 20
Lymphe 23, 49, 63
Lysosomen 10, 63

M–N

Magen 22–25, 46, 52
Magensaft 24
Makrophagen 48, 49
Mandeln 23
Melanin 34, 35
Membran 63
Menstruation 54
Mikroskop 8, 55
Milz 11
Mineralsalze 25, 26, 31, 46
Mitochondrien 10, 63
Mumie 6
Mund 22, 23
Muskeln 10, 11, 24, 28, 32, 33, 36, 37, 39, 42, 43, 52, 53, 56
Mutterkuchen 56
Nabelschnur 56
Nährstoffe 18, 22, 24–26, 42, 44, 46, 49, 52, 56, 58
Nahrung 22–25, 52, 58
Nase 40, 41, 43
Nebenhoden 55
Nebennierenhormon 46

Nephron 26
Nerven 10, 11, 15, 25, 31, 34, 36, 38–46, 52, 63
Netzhaut 36, 37
Neuron 45, 63
Neurotransmitter 45, 63
Nieren 18, 26, 27, 46, 53, 60, 61
Nierenkörperchen 26, 63
Niesen 40
Nukleolus 10

O–P

Ohr 38, 39
Organe 11, 46, 56, 57, 60
Ovales Fenster 38, 39
Pankreas 25–27, 47
Papillen 40
Penis 55
Physiologie 8, 63
Physis 28, 34, 43
Plasma 18, 63
Plazenta 56
Positronen-Emissions-Tomografie (PET) 8, 42
Proteine 25, 26, 63
Prothese 60, 61, 63
Pubertät 58, 63
Pupille 36, 37, 46

R

Rachen 40, 43
Reflex 25, 63
Regenbogenhaut 36, 37
Ribosomen 10, 63
Riechschleimhaut 40, 41
Rippen 28, 29
Röntgenstrahlen 8, 9, 20
Rote Blutkörperchen 18, 19, 31
Rückenmark 42, 44, 45

S

Samenflüssigkeit 55
Samenzellen 54–56
Sauerstoff 16, 18, 20, 42, 44, 52, 56
Schädel 28
Scheide 54
Schilddrüse 11, 46
Schlaf 53
Schleimhaut 20, 24, 48, 63
Schlucken 23, 43
Schnecke 38, 39
Schwangerschaft 56, 57
Schweißdrüsen 35
Sehne 32, 63

Sezieren 6, 7, 63
Skelett 11, 28–31
Skelettmuskeln 32, 33, 53
Speichel 22, 23, 40
Speiseröhre 22–27
Sprache 50, 51
Stäbchen 36, 37, 63
Staub 20, 21
Stimmbänder 50, 51
Stress 46
Stuhl 24
Synapse 45, 63

T–U

Tastsinn 34, 36, 41, 43
Thymusdrüse 46
Tomografie 8
Transplantation 16, 27, 60
Trizeps 32
Tumor 63
T-Zellen 48, 49
Ultraschall 8, 63
Unterhaut 34
Urin 26, 53

V–W

Vene 16–18, 20, 21, 26, 27, 63
Verdauung 11, 22–27, 32, 42, 47
Viren 48, 49
Vitamine 25
Vorhof 16
Wachstum 58, 59
Weiße Blutkörperchen 18, 19, 31, 46, 48, 49
Wimpern 20, 40
Wirbel 28, 29, 44, 45
Wurmfortsatz 24

Z

Zähne 22, 23, 43, 61
Zapfen 36
Zeichensprache 50
Zellen 10, 11, 15, 18, 22, 26, 30, 33, 36, 40, 46, 52, 54, 56, 58, 63
Zellkern 10
Zotten 25
Zucker 25, 52
Zuckerkrankheit 47
Zunge 22, 23, 40, 41, 43
Zwerchfell 21
Zwillinge 57
Zwölffingerdarm 24
Zytoplasma 10, 63

Bildnachweis

(l=links, M=Mitte, o=oben, r=rechts, u=unten, B=Bildsymbol, H=Hintergrund, R=Rückseite, U=Umschlag, V=Vorderseite)
Ad-Libitum, 37or, 50uM, 60ur, 60M, 61ul (S. Bowey), 17ur (Royal North Shore Hospital, Sydney/S. Bowey), 61oMl (Sydney Artificial Eyes/S. Bowey). **AKG, London,** 7ol (Naturhistorisches Museum, Wien/E. Lessing). **Auscape,** 53Mr (E. & P. Bauer), 52M (Ferrero/Labat), 49oM (S. Wilby & C. Ciantar). **Austral International,** 16ul (T. Bauer), 48oM (H. Pfletschinger/Camera Press), 52ol (Rex Features), 61uM (Sipa-Press/F. Durand), 60or (Sygma/ I. Wyman). **Australian Picture Library,** 44ol (Bettman), 52Ml, 53ol (Minden Pictures), 35or (West Stock). **Biophoto Associates,** 33oMr, 36or, 56or. **The Bodleian Library, Oxford,** 6ol (MS. Ashmole 399, fol. 19r, 20r). **The Bridgeman Art Library,** 61oMr (Christie's, London), 61or (London Library, St. James's Square), 8ol (Museum of the History of Science, Oxford). **The British Museum,** 16Ml. **Cochlear Ltd, Australia,** 6oMr. **The Granger Collection,** 6or, 7or, 56Ml. **Sally Greenhill,** 50ol. **The Image Bank,** 37uM (D. de Lossy), 46or (C. Navajas). **Image Select/Ann Ronan,** 55uMl, 55Ml. **International Photo Library,** 48or (Superstock). **John Watney Photo Library,** 31oM. **Mary Evans Picture Library,** 9or, 61ol. **Medical Images, Inc,** 19oMr (B. Slaven), 26uM (H. Sochurek). **Melbourne Muscular Dystrophy Association of Victoria** (Neurology Department, Royal Children's Hospital), 33ur.

Lennart Nilsson, 56/57M. **Otto Bock,** 61r. **Peter Arnold, Inc,** 51or (L. Dwight), 60ul (Siu). **Petit Format,** 58uM, 58ul, 58ur, 59uM, 59ul, 59ur (A. Chaumat), 57ol (Guigoz). **The Photo Library, Sydney,** 15oMr, 29Mr (Biophoto Associates), 47ur (M. Clarke/SPL), 30oMl (J. Durham/SPL), 8uMl (GJLP-CNRI/SPL), 15u, 15uM, 19or, 58ol (Hulton Deutsch), 31uM (A. Kage/ SPL), 45oM (N. Kedersha/SPL), 33M (M. King), 36ul (B. Longcore), 42ol (J. Mazziotta/SPL), 25ur, 40Ml (H. Michler/SPL), 25or (J. Mills), 56oMr (P. Motta & S. Makabe/SPL), 20Ml, 24oM, 30oM (P. Motta/SPL), 10/15M, 49ur (NIBSC/ SPL), 46Ml (A. Pasieka/SPL), 42oM (M. Phelps & J. Mazziotta/ SPL), 56ol (D. Phillips), 60Ml (Photo Researchers, Inc/C. Bjornberg), 61M (C. Priest/SPL), 34/35M (S. Terry/SPL), 60oMr (TSI/Med. Illus. SBHA), 31ol, 56oMl. **Photo Researchers, Inc,** 33uMr, 51or (Biophoto Associates/Science Source), 42Ml (S. Camazine/B. Camazine), 8ul (Dept. of Energy), 23or (K. Eward/Science Source), 59ol (F. Grehan), 40ol (Omikron), 36Ml (D. Wong). **Rainbow,** 57ur (C. Dittmann), 51oM, 53oM (D. McCoy), 27ur (H. Morgan), 8oMl (B. Stanton). **The Science & Society Picture Library,** 6ul (The Science Museum). **Sport The Library,** 39uM (D. McNamara). **Stock Photos,** 48/49M (D. Kunkel/Phototake), 46ol (Mug Shots), 8Ml, 28Ml (The Stock Market/H. Sochurek). **Dr. John Tyler,** 54ol, 55ul.

Grafik

Susanna Addario, 3, 5or, 22ul, 22oM, 23Mr, 34Ml, 34uM, 35Mr, 62oMl. **Sam Burgess,** 59or. **Dr Levent Efe/CMI,** 5oM, 10ul, 15r, 18ul, 19Mr, 19ur, 62uMl. **Christer Eriksson,** 18/19M, 22/23M, 46/47M. **John Foerster/ Foerster Illustration, Inc,** 16/17M, 16or, 50/51M. **Chris Forsey,** 8/9M. **Adam Hook/Bernard Thornton Artists, UK,** 6/7M. **Janet Jones,** 4uM, 30/31M, 30ol, 31Mr. **R. Spencer Phippen,** 38/39M, 38Ml, 38ul, 38M, 62ol. **Trevor Ruth,** 4ol, 5Mr, 11–14M, 11ol, 20/21M, 21Mr, 44/45u, 45ul, 45ol, 45Mr, 52/53M, 63or. **Christine Shafner/K. E. Sweeney Illustration,** 29uM, 29ur, 32Ml, 62ul, 63Mr. **Kate Sweeney/K. E. Sweeney Illustration,** 1, 4Ml, 28/29M, 28ol, 29ol, 32/33M, 33Mr, 36/37M, 36uM, 37ol, 40oM, 40ul, 41M, 41ur. **Rod Westblade,** 2, 24/25M, 24ol, 26/27M, 26ul, 26M, 43ur, 46M, 48ol, 49or, 54Ml, 54ul, 54ur, 55Mr, 55M, 55ol, 56u, 62Ml, 63ur, endpapers, icons. **Steve Weston/Linden Artists,** 42/43M, 42ul, 63oMr.

Umschlag

John Foerster/Foerster Illustration, Inc, VUMl. **Janet Jones,** VUor. **The Photo Library, Sydney,** H (P. Motta/SPL). **Kate Sweeney/K. E. Sweeney Illustration** VUM. **Rod Westblade,** RUol, RUor.